HERAUSGEGEBEN VON
ELKE UND DIETER LOSSKARN

ALPEN 2
EDITION UNTERWEGS

ALPEN

EDITION UNTERWEGS

Neue Motorrad-Bergtouren in Italien
Österreich, der Schweiz und Deutschland.

Von Elke und Dieter Loßkarn

IMPRESSUM

Konzeption und Einbandgestaltung: Elke Loßkarn
Fotos und Karten: Elke Loßkarn
Texte: Dieter Loßkarn

Titelfoto: Paßhöhe Col de la Croix de Fer, Französische Alpen (Tour 7)
Rückseite: Rutschpartie am Sölk-Paß; Steiermark (Tour 3)

ISBN 3-613-01809-8

1. Auflage 1997

Lektorat: Joachim Kuch
DTP: Stefanie Götz
Druck: Bechtle-Druck, 73730 Esslingen
Bindung: Buchbinderei Nething, 73235 Weilheim/Teck
Printed in Germany

INHALT

Berg-Werk II

Zum 1992 erstmals in der Edition Unterwegs erschienen Alpenband gibt es jetzt eine Fortsetzung: *Alpen 2*. Wieder haben wir auf vielen tausend Kilometern Kurven und Kehren erfahren und unsere dabei entdeckten Lieblingsstrecken zu abwechslungsreichen Bergtouren zusammengestellt. Die neuen Tourenvorschläge lassen sich prima mit denen im ersten Band kombinieren – ein unschlagbares, alpines Doppel. Wie auf den Bildern zu sehen ist, haben wir uns diesmal auch mit schwereren Kalibern in die Alpen gewagt. Die Musikdampfer bewältigen enge Kehren natürlich nicht so agil wie Enduros, aber dafür gibt es »Stairway to heaven« auf dem Weg nach oben, wo sich rund um die Paßschilder sämtliche Motorrad-Gattungen ein Stelldichein geben.

EDITORIAL

Bei so einem Reiseführer spielt die Aktualität natürlich eine wichtige Rolle. Wir fahren zwar häufig in die Alpen, um auszuchecken, ob es neue Streckensperrungen gibt oder motorradfreundliche Hotels dicht gemacht haben. Trotzdem sind wir bei einer Neuauflage dieses Buches auf Ihre Hilfe angewiesen. Viele Leser versorgten uns in den letzten Jahren erfreulicherweise mit Tips zu Strecken und motorradfreundlichen Gasthöfen. Alle Informationen fließen in zukünftige Auflagen der beiden Alpenbücher. Die Einsender werden am Anfang des Buches namentlich genannt. Wer uns etwas mitteilen möchte, schreibt bitte an: Elke und Dieter Loßkarn, Motorbuch-Verlag, Postfach 10 37 43, 70032 Stuttgart.

Der vorliegende Alpen-Band 2 beschreibt Touren in der Steiermark, in Kärnten, in Friaul, im Allgäu, in Oberbayern, in der Schweiz und in den französischen Alpen. Wie immer bei den Büchern der Edition Unterwegs folgt jeder Reportage eine Skizze samt exakter Routenbeschreibung mit Paßhöhen zur Orientierung. Diese muß für die Tour durch die angegebenen Landkarten ergänzt werden, sonst haben Sie wenig Chancen, die manchmal winzig kleinen Strecken zu entdecken. Nach der Routenskizze sind die motorradfreundlichen Übernachtungsmöglichkeiten im Zielgebiet aufgelistet. Bei den meist kleinen Häusern ist eine telefonische Voranmeldung ratsam.

Zum guten Schluß noch eine verdammt wichtige Bitte von Leuten, die auch gerne herzhaft Gas geben: In der Nähe von bewohnten Gebieten betont defensiv fahren, Pisten und Straßen nicht zu unverantwortlichen Off Road-Eskapaden verlassen und eventuelle Wanderer nicht erschrecken, sondern freundlich grüßen. Unserem Image tut das nur gut, und wir können weiter, ohne zusätzliche Streckensperrungen, in wunderschöner Landschaft Motorrad-Wandern.

Viel Spaß in Kurven und Kehren wünschen

Elke und Dieter Loßkarn,
im Frühjahr 1997

AUF EINEN BLICK

Hotelpreise ändern sich schnell, außerdem variieren sie von Saison zu Saison. Deshalb sind im Buch nur Preiskategorien angegeben. Bei der Reservierung können Sie dann nach den genauen Kosten fragen.

Preiskategorien (Übernachtungen pro Person, mit Frühstück):

●	bis 40 Mark
●●	41 – 60 Mark
●●●	61 – 80 Mark
●●●●	81 – 100 Mark
●●●●●	über 100 Mark

Jedes Kapitel besteht aus einer Reportage, der eine Karte mit der gefahrenen Route folgt. In der Karte sind die motorradfreundlichen Unterkünfte mit einem Bett-Symbol gekennzeichnet. Im Anschluß an die Routenskizze folgen die Adressen und Preiskategorien dieser Gasthöfe, sowie weitere wichtige Informationen.

Für die Angaben zu den Hotels und die Befahrbarkeit bestimmter Pisten und Straßen können wir keine Gewähr übernehmen. Wenn sich etwas geändert hat, oder falls Sie neue, motorradfreundliche Hotels, Gasthöfe und Campingplätze auf Ihren Alpen-Touren entdecken, schreiben Sie uns bitte unter:

Motorbuch-Verlag
c/o Elke und Dieter Loßkarn
Olgastraße 86, 70180 Stuttgart

Selbstverständlich werden alle Einsender in der nächsten Auflage des Alpen 2-Bandes namentlich genannt.

Folgende Symbole finden in den Karten und Info-Teilen Verwendung:

 Karte

 Route

 Übernachten

 Gastronomie

 Sehenswert

 Adressen

AUF EINEN BLICK

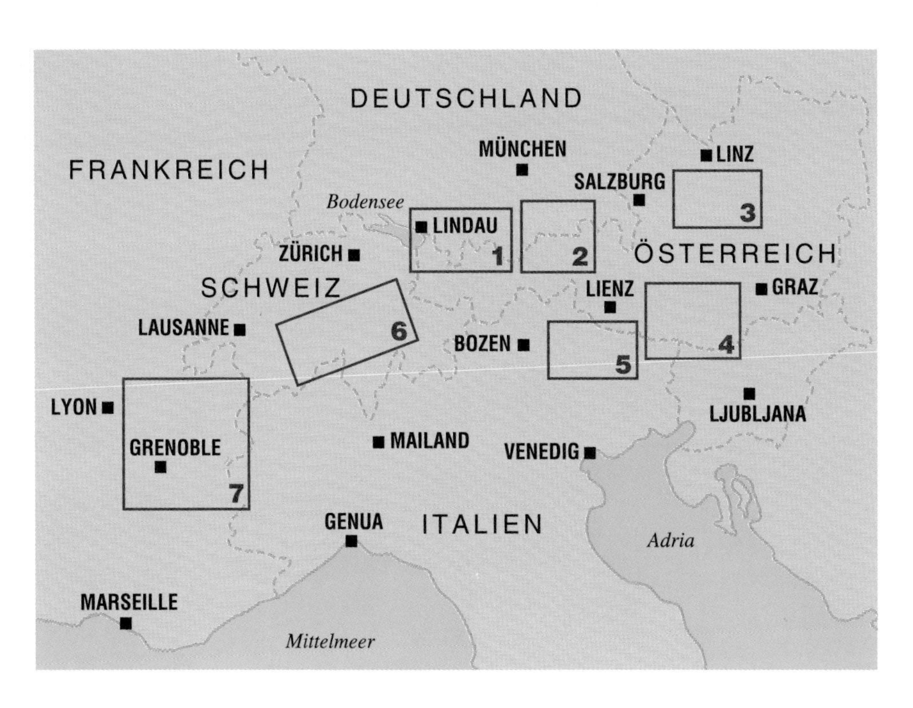

1 Allgäuer Alpen
2 Bayern/Tirol
3 Steiermark
4 Kärnten
5 Friaul
6 Schweizer Pässe
7 Französische Alpen

AUFWÄRMRUNDE

Die erste Tour in diesem Buch beginnt relativ unspektakulär. Noch keine schneebedeckten, hochalpinen Bergpäße. Etwas zum Einfahren nach der Winterpause und zum Anwärmen der erkalteten Reifen. Rund um die Allgäuer Alpen: durch Bayern, Vorarlberg und Tirol.

Mal Seen: der Vilsalpsee bei Nieselregen

ALLGÄUER ALPEN

ALLGÄUER ALPEN

In Sigmarszell, kurz bevor wir den Bodensee erreichen, wird es bereits alpin. Zumindest dem Namen nach, denn wir befinden uns gerade auf der Deutschen Alpenstraße. Diese zieht sich an Deutschlands Südgrenze vom Allgäu bis Berchtesgaden. Im Süddeutschlandband der *Edition Unterwegs* haben wir

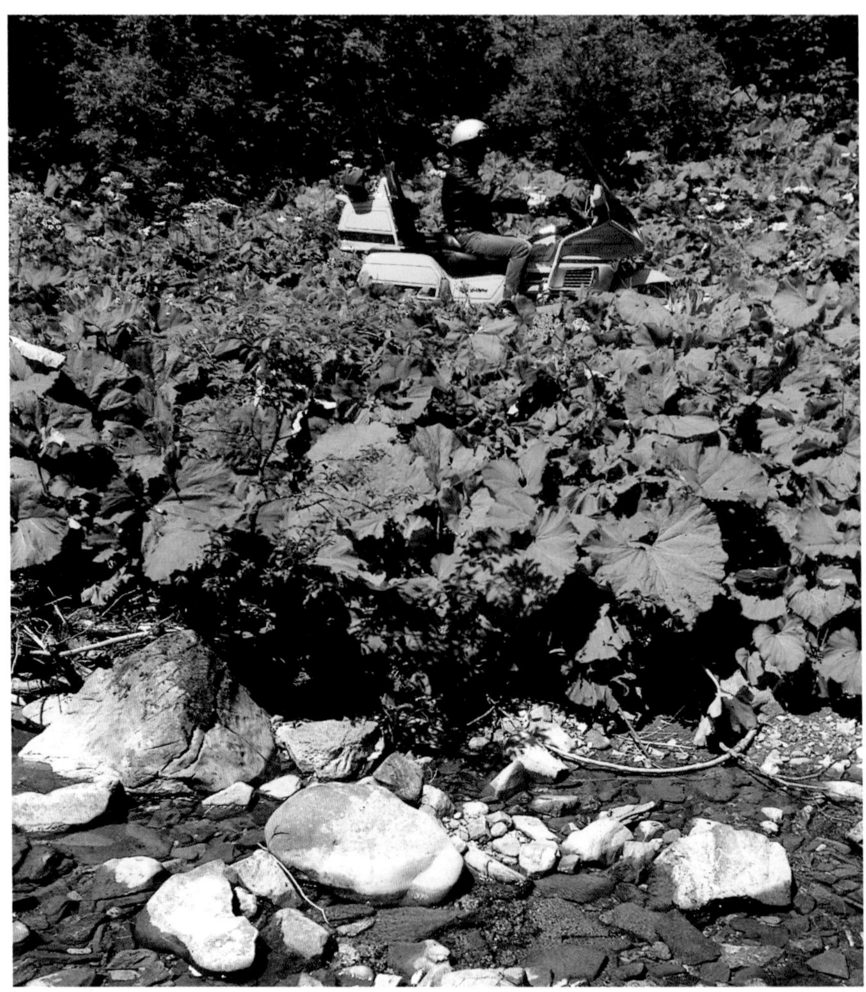

Fahrt ins Grüne: am Schwarzwasser-Bach entlang

eine solche Tour – mit einigen Abstechern – ausführlich beschrieben.

Und tatsächlich: Einige Kehren im dichten Wald lassen ein bißchen Berg-Gefühl aufkommen. Doch für wahre Genüsse ist die Straße zu gut ausgebaut.

Das ändert sich erst zwischen Weißach und Aach, nachdem wir nach Oberstaufen eingekurvt sind und die Deutsche Alpenstraße verlassen haben. In Aach passieren wir die Grenze nach Vorarlberg. Kontrolliert wird seit dem EU-Beitritt der Alpenrepublik kaum mehr.

Über Hittisau und Hangerfluh wäre ganz schnell wieder die Grenze nach Bayern erreicht, aber die hügelige Berglandschaft mit den grünen Almwiesen verleitet uns zu einem Abstecher nach Sibratsgfäll. Nach der Ortschaft ist in der Generalkarte ebenfalls ein Grenzübergang eingezeichnet, dahinter soll es dann noch ein Stückchen weitergehen, bis zu einem Fahrverbot.

Die Strecke ist wunderbar klein, sanfte Rockballaden schallen aus den Boxen der Gold Wing. Das Tal unter uns sieht aus wie eine Modelleisenbahn-Landschaft. Vereinzelte Bauernhöfe gleiten vorbei. Leider ist direkt auf der Grenzlinie Schluß. Unter dem rostig-antiken Bundesrepublik Deutschland-Schild hängt das unangenehme Runde mit rotem Rand. Das Fahrverbot beginnt mit der Einfahrt nach Bayern. Also zurück und über Schönhalden nach Balderschwang. Auch keine schlechte Wahl. Über die Riedberg-Paßstraße gelangen wir nach Obermaiselstein.

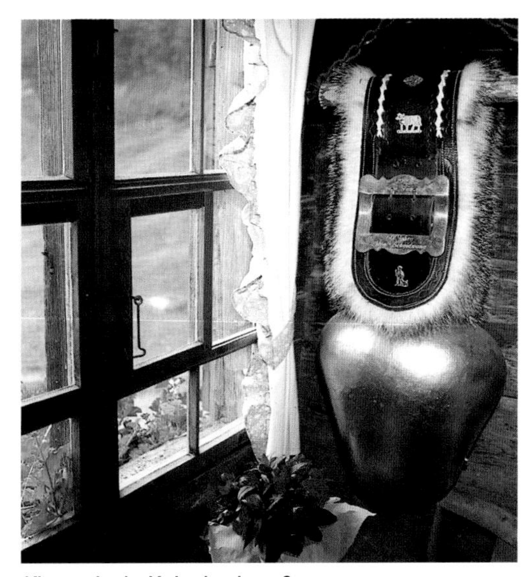

Klangstark: Kuhglocken-Sammlung auf der Scheidewang-Alm

RIEDBERG PAßSTRAßE

Überall sind auf der Karte kleine Sträßchen eingezeichnet, die leider fast ausnahmslos mit Fahrverboten belegt sind. Schließlich entdecken wir südlich von Oberstdorf doch noch einen legalen Abstecher: am Schwarzwasser-Bach entlang bis zur Talstation der Ifen-Seilbahn. Die offizielle Strecke nach Mittelberg ist entsprechend stark frequentiert und wirklich nur etwas für Werktage, und die möglichst außerhalb der Hochsaison.

Das gleiche gilt für die – zugegeben äußerst beeindruckende – Breitachklamm. Ein überraschend tiefer Canyon, der nur zu Fuß zu erreichen und auf Holzstegen zu durchwandern ist. Allerdings wird bei so viel Naturschönheit auch gleich zwei Mal kassiert. Einmal die Gebühr am großen Parkplatz, später das Eintrittsgeld am Kassenhäuschen.

Die Befahrung der nächsten Straße kostet ebenfalls Geld, ist aber jede Mark wert. Nordwestlich von Sonthofen zweigt die Bergstraße zur Scheidewang-Alm ab. Statt Kassenhäuschen gibt es einen Automaten, aus dem man sein Ticket ziehen und dann sichtbar hinter die Windschutzscheibe klemmen soll. Wir fragen uns, was wohl Motorradfahrer ohne Scheibe an ihrer Maschine tun sollen?

SCHEIDEWANG-ALM

Die Strecke entlang des Aubachs ist Allgäu wie aus dem Bilderbuch. Kaum zu glauben, daß wir noch in Deutschland sind. In engen Kurven klettert der Weg nach oben. Es ist mittlerweile recht neblig geworden. Kalter Nieselregen massiert die unter

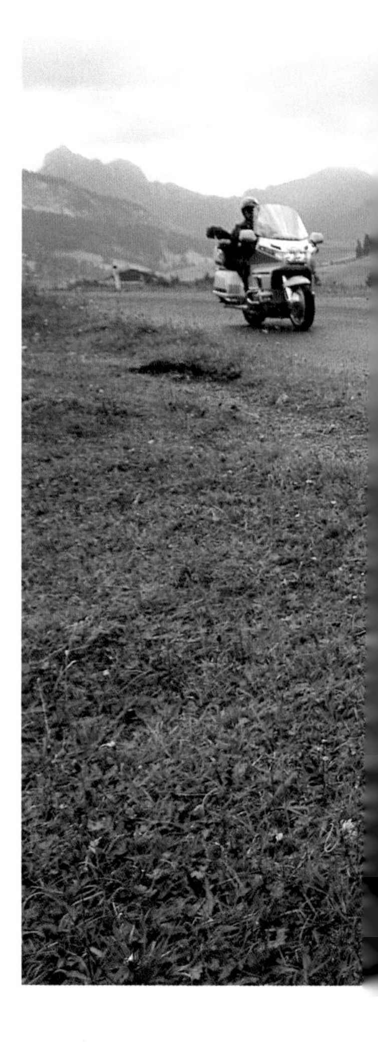

dem Halbschalenhelm freiliegenden Gesichter. Die Almhütte aus dunklem Holz könnte wohl kaum uriger sein. Aufgrund der regnerischen Witterung sind wir die einzigen Gäste. Über einen

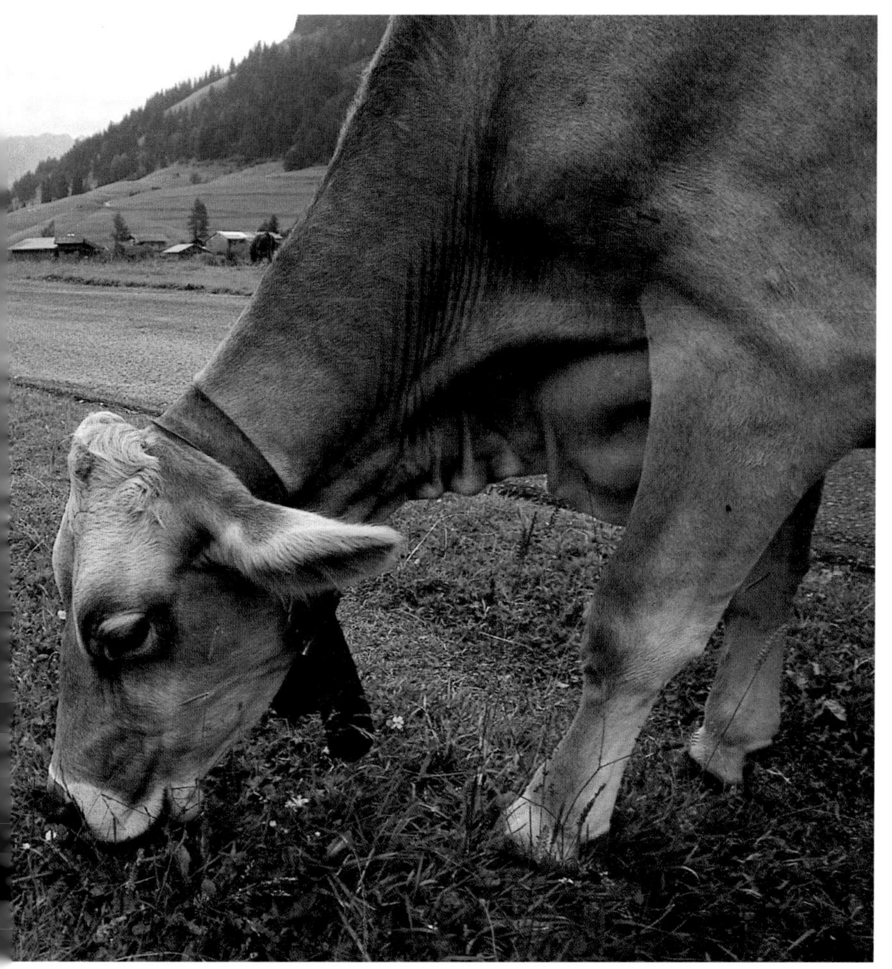

Tannheimer Tal: Eine Kuh macht muh, viele Kühe machen Mühe

knarzenden Bretterboden gelangen wir in die getäfelte Stube, der mit Holz geschürte Kachelofen bullert vor sich hin, schafft eine wohlige Wärme. Wir setzen uns in den Herrgottswinkel und bestellen zwei Portionen von dem selbstgemachten, leckeren Almkäse. Dazu gibt es feingeschnittene Zwiebeln, Schwarzbrot und Buttermilch. Zwischendurch kommt der Bauer

Deutscher Canyon: die vielbesuchte Breitachklamm

herein, verschwindet hinter einer mit »Privat« markierten Türe, dem Schlafzimmer. Der einzige Stilbruch sind die Plastikbecher, in denen die dickflüssige Buttermilch gereicht wird.

Im Innern der Hütte hängen buntverzierte Kuhglocken, die bekommen die Milchproduzenten zum Almabtrieb im Herbst umgehängt.

OBERJOCH-PAẞ

Zwischen Sonthofen und Hindelang heißt die Deutsche Alpenstraße gleichzeitig Jochstraße. Sie führt kurvenreich zum Oberjoch-Paß, der Bayern mit dem Tannheimer Tal in Tirol verbindet.

In Tannheim suchen wir die Abzweigung zum Vilsalp-See durch das gleichnamige Tal. Aber wir sind etwas zu bald dran. Zwischen 10 und 17 Uhr ist die Straße für den Fahrzeugverkehr gesperrt.

Das Warten lohnt sich, nicht nur weil am Ende der Straße eine gemütliche Kneipe mit Biergarten steht. Der See ist von hohen Bergen umgeben und am späten Nachmittag sind kaum noch Touristen hier. Obwohl es ziemlich kühl ist, wagen wir einen Sprung ins (sehr) erfrischende Naß.

In Grän gelangen wir auf einer schönen kleinen Straße durch das Engetal wieder zurück ins

Einreise verboten: Grenze zwischen Rindberg und Hirschgrund

Die Musik kommt: auf dem Weg zur Scheidewang-Alm

ALLGÄUER ALPEN

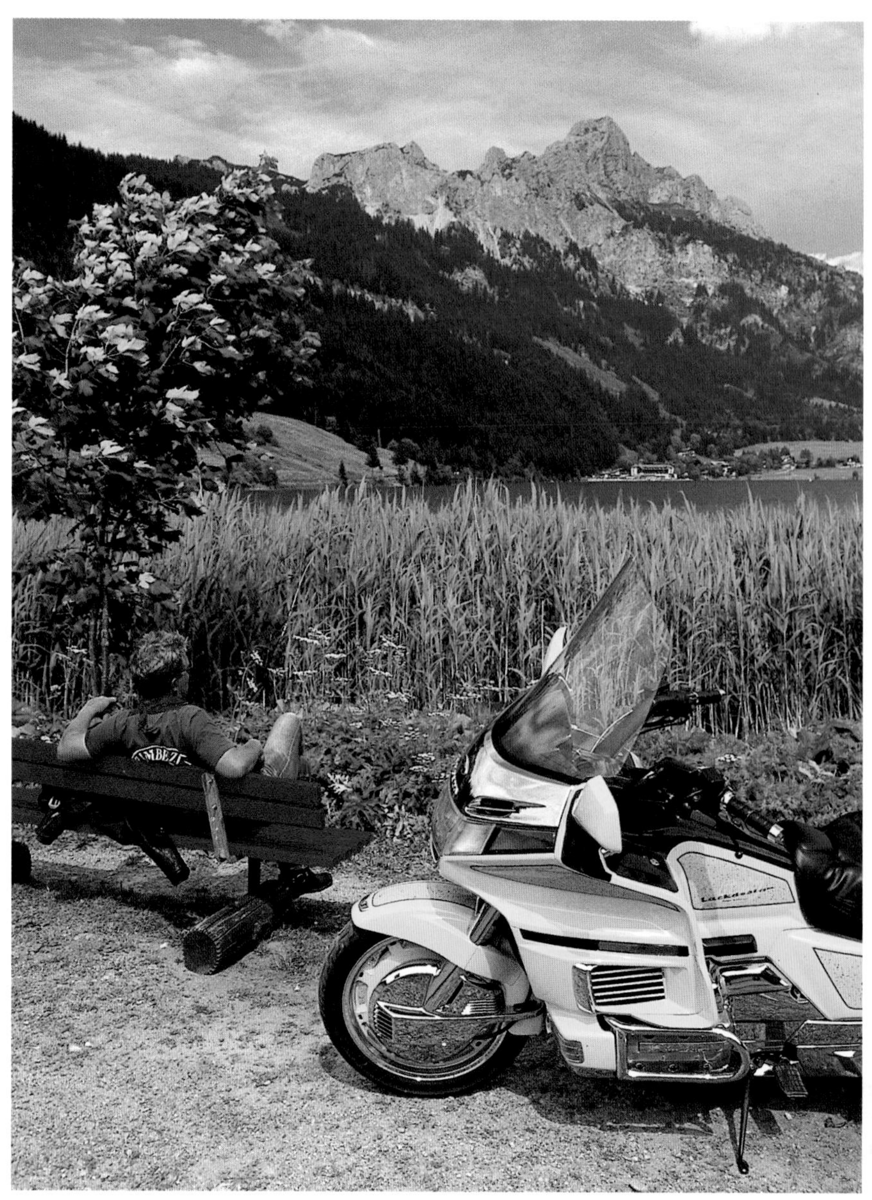

Mach mal Pause: zum Beispiel am Haldensee

Schöner wohnen: typisches Bauernhaus in Sibratsgfäll

Bayrische und in dichten Verkehr. Pfronten und Nesselwang sind die wohl am häufigsten im Verkehrsfunk von Bayern 3 genannten Ortschaften.

In Nesselwang entkommen wir der Blechlawine Richtung Wertach. Der Abstecher nach Jungholz beweist, daß es selbst hier noch idyllische Straßen gibt.

Über Dörfer, die nur aus ein paar Häusern bestehen, gelangen wir in eine grüne, sanftgerundete Hügellandschaft, die so typisch für das Allgäu ist. Die Miniberge stammen aus der letzten Eiszeit. Gletscher schoben gewaltige Menge Gesteinsschutt und Felsbrocken aus den Alpen ins Vorland. Als sie schließlich abschmolzen, blieben diese als Grund- und Endmoränen bezeichneten Hügel zurück. Die Straße führt abwechselnd an ihnen vorbei oder über sie hinweg. Rechts, links, auf und ab findet die Allgäu-Runde ein beswingtes Ende.

INFO ALLGÄUER ALPEN

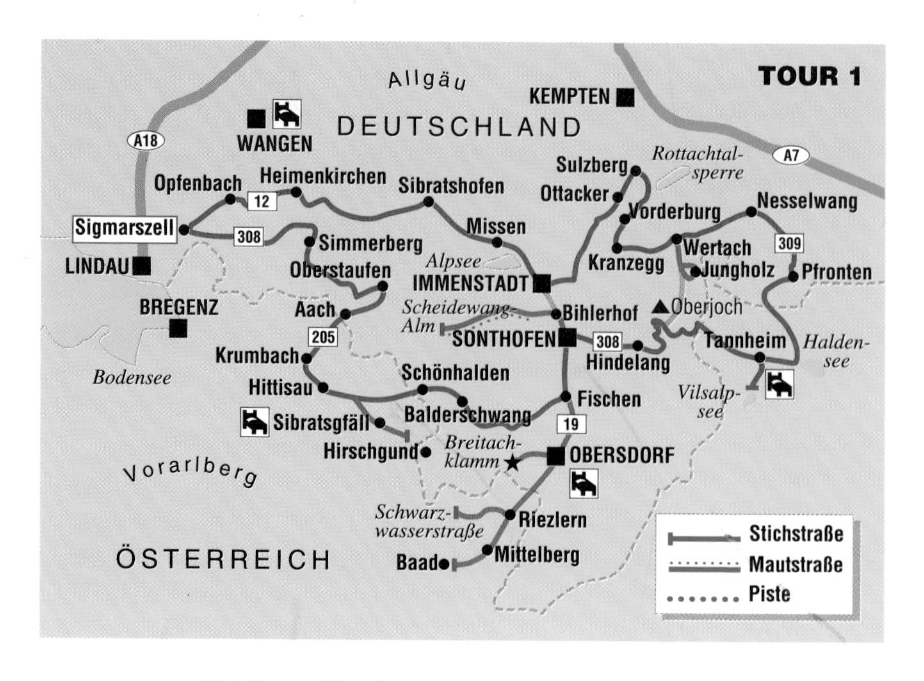

Gefahrene Strecke
(einschließlich Abstecher):
etwa 300 Kilometer

Karte:

Die Generalkarte »Deutschland«,
1 : 200 000,
Blatt 25, 8,80 Mark.

Route:

Sigmarszell – »308« – Deutsche Alpenstraße – Simmerberg – Oberstaufen – Weißach – Aach – Grenzübergang Österreich – Krumbach – Hittisau – Hangerfluh – Abstecher: Sibratsgfäll – Hirschgunder Tal –

Schönhalden – Grenzübergang – Balderschwang – Riedberg Paßstraße – Obermaiselstein – Fischen – Oberstdorf – Tiefenbach – Breitachklamm – Riezlern – Abstecher Schwarzwasserstraße – Mittelberg – Baad – Oberstdorf – Sonthofen – Bihlerhof – Abstecher: Scheidewang-Alm (Maut) – Deutsche Alpenstraße – Hindelang – Jochstraße – Oberjoch – Oberjoch-Paß – Grenze – Zöblen – Tannheim – Abstecher: Vilsalptal (zwischen 10 und 17 Uhr gesperrt) – Grän – Engetal – Grenze – Pfronten – Nesselwang – Wertach – Absstecher: Jungholz – Wertach – »310« – Kranzegg – Engelpolz – Vorderburg – Moosbach – Sulzberg – Ottacker – Untermaiselstein – Rauhenzell – IMMENSTADT – Missen – Sibratshofen – Schönau – Röthenbach – Heimenkirch – Opfenbach – Niederstaufen – Sigmarszell

Weiterfahrt:
Vorarlberg (Alpen 1, Tour 1) erreicht man über Hittisau, Egg und Schwarzenberg. Nordtirol (Alpen 1, Tour 2) über Oberjoch-Paß, Gaicht-Paß und Hahntennjoch oder Reutte-Fernpaß-Nassereith-Imst.

Schmackhaft: hausgemachter Hüttenkäse

INFO ALLGÄUER ALPEN

Fahrweg bei Jungholz: Straßen wie in der guten, alten Zeit

 Übernachten:

In den Bänden Alpen 1 und Süddeutschland der Edition Unterwegs (Motorbuch-Verlag, je 29,80 Mark) haben wir bei den dort beschriebenen Touren »Vorarlberg« und »Oberbayern« bereits einige motorradfreundliche Gasthöfe genannt. Zusätzlich empfehlenswert sind die folgenden Häuser:

- Pension Alpenrose
A - 6952 Sibratsgfäll
Telefon: 00 43/55 13/22 14.
Ruhig in über 1000 Meter Höhe gelegenes Haus. Die vier Söhne des Hauses fahren alle selbst Motorrad.

●● Gasthaus Tiroler Hof
Bogen 5
A - 6675 Tannheim
Telefon/Fax: 00 43/56 75/63 39
Ruhig gelegenes Hotel, an der Straße zum Vilsalp-See.

●● Landhaus Schmid
Kornau 34
87561 Oberstdorf
Telefon/Fax: 0 83 22/36 65
Wirtsleute fahren selbst.

●● Allgäuer Hof
Wittwaisstraße 1
88239 Wangen im Allgäu
Telefon: 0 75 22/28 07 8.
Kneipe im Western-Stil, County-, Blues- und Rockmusik. Die Mitarbeiter sind begeisterte Biker.

Adressen:

Arbeitsgemeinschaft
Allgäuer Land
Amt für Tourismus und
Verkehrsverein Kempten/
Allgäu
Rathausplatz 29
87435 Kempten
Telefon: 08 31/25 25 237;
Fax: 08 31/25 25 427.

Tourismusverband
Allgäu/Bayerisch
Schwaben
Fuggerstraße 9
86150 Augsburg
Telefon 08 21/33 33 5;
Fax: 08 21/38 33 1.

Vorarlberg-Tourismus
Römerstraße 7/I
A - 6901 Bregenz
Telefon: 00 43/55 74/42 52 50;
Fax: 00 43/55 74/42 52 55.

ECHTE SCHMANKERL

Nicht nur wegen einiger abenteuerlicher Schottereinlagen jenseits der bayrischen Grenze gefällt diese Tour, die mit Höhen bis über 1800 Meter bereits richtig alpine Gefühle aufkommen läßt.

Abgelegen: Sträßchen zwischen Mühl- und Thierbach

BAYERN/TIROL

SPITZING-SATTEL (1128 METER)

Die vielen Münchner Kennzeichen an den Motorrädern, die uns begegnen, sprechen Bände. Wir sind auf deren Hausstrecke unterwegs. Aufgrund der hohen Motorraddichte wurde wohl auch die Geschwindigkeitsbeschränkung von 60 km/h zwischen Gmund am Tegernsee und Hausham verhängt.

Schliersee bietet oberbayrische Seen- und Biergarten-Romantik. Tretboote dümpeln im Wasser. Die Spitzingstraße ist der erste Abstecher auf dieser

Donnerwetter: auf dem Weg zum Kerschbaumsattel

Tour. Schön zwar, aber viel zu viel Rummel.

In Bayrischzell zweigt die wohl umstrittenste Kurvenstrecke Bayerns ab. Mehrmals sollte die Sudelfeldstraße für Motorräder gesperrt werden. Momentan versuchen es die Behörden mit Geschwindigkeitsbeschränkungen auf der gesamten Strecke. Auf dem Weg zum Sudelfeld und zur Rosengasse ist die Straße so schmal und voller Rollsplitt, daß wir uns nur im Schritt-Tempo nach oben mäandern. Die Aussicht von der Sudelfelder-Almhütte mit Biergarten ist gewaltig. Leider sind wir etwas spät dran, vom hausgemachten Käsekuchen ist kein Krümel mehr übrig.

Zurück in Bayrischzell machen wir uns durch das Ursprungstal auf den Weg nach Tirol. Direkt hinter der Grenze zweigt ein Mautsträßchen nach rechts zur Ackernalm ab. Es sieht gut aus und ist es auch. Nur die Almwirtin blickt im ersten Moment etwas skeptisch auf unsere Motorradklamotten. Wahrscheinlich verirren sich Biker eher selten hier herauf. Nach anfänglichem Mißtrauen kommt schließlich doch so etwas wie Freundlichkeit auf. Hoffentlich wirken sich unsere vertrauensbildenden Maßnahmen auf

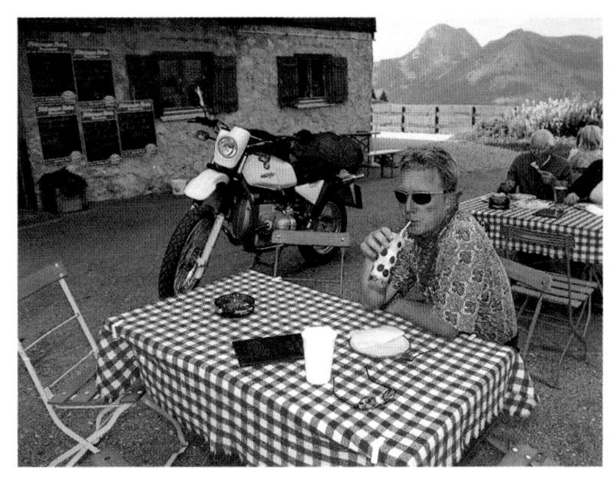

Die Milch machts: Pause auf der Sudelfeld-Alm

zukünftige motorradfahrende Besucher positiv aus.

Die Straße nach Hinterthiersee macht mit ihren Kehren und Kurven wieder Spaß, der Ort selbst ist dann überraschend groß und fest in Touristenhand. Kufstein geht es da nicht anders und so kommen wir erst südlich von Wörgl wieder in ruhigere Gefilde. Über Hopfgarten und Westendorf fahren wir in das idyllische Tal der Windauer Ache. Südlich von Rettenbach wird die Straße mautpflichtig, dafür aber auch schön eng, die Landschaft wird immer beeindruckender, schließlich löst sich der Asphalt auf und wir stauben die letzten Kilometer bis zum Parkplatz vor der Oberen Karalpe. Eine kleine Holzbrücke führt über einen klaren Gebirgsbach.

URSPRUNG-PAß
(849 METER)

ACKERNALM

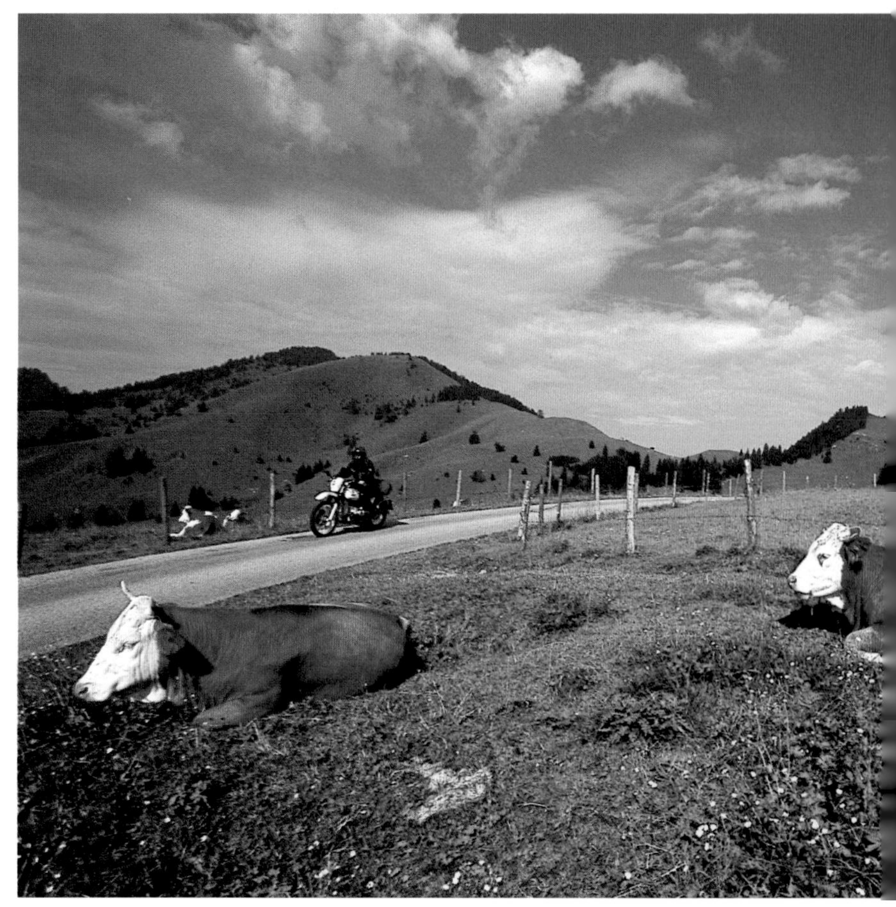

Keine Heizer: kleine Parallelstrecke zur Sudelfeldstraße

Ein paar Fußpfade steigen in die Berge auf. Hier macht es bestimmt Spaß die Motorrad- mal gegen Wanderstiefel zu tauschen. Bei der Rückfahrt halten wir am rustikalen Gamskogel-Haus noch einmal an, um uns mit einer heißen Schokolade aufzuwärmen – wir scheinen hier doch etwas hoch zu sein, es ist jedenfalls, trotz Sommer im Kalender, reichlich frisch.

Der nächste Abstecher stellt sich schließlich fast als komplette Rundtour heraus. Von Hopfgarten nehmen wir diesmal die

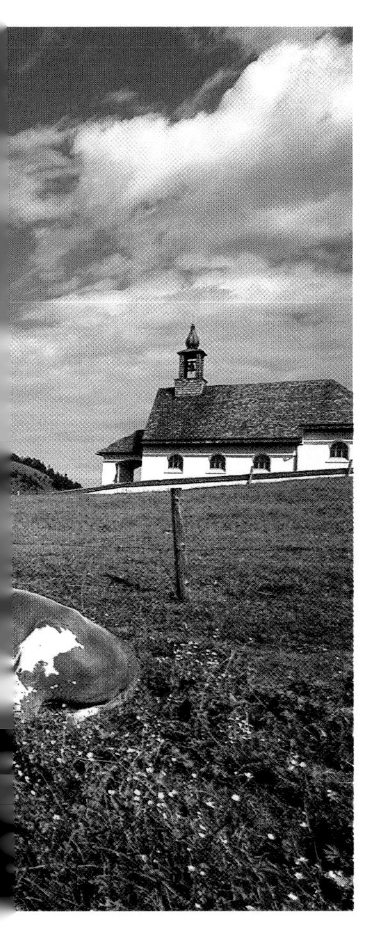

Abzweigung nach Niederau und gelangen so ins Gebiet der Wildschönau. Mächtige Cumulus-Türme am Himmel deuten bereits auf nachmittägliche Gewitter hin. Auf dem Weg zur Schönanger-Alm scheint jedoch noch die Sonne. Auch hier ist das letzte Straßenstück unbefestigt. Die Almhütte am Ende der Piste serviert Kaiserschmarrn-Portionen, bei denen selbst japanische Sumo-Ringer Probleme hätten diese komplett zu zwingen. Wir schaffen – trotz Bärenhunger – nicht einmal die Hälfte der leckeren Mehlspeise. Ein schlechtes Omen, das gibt bestimmt Regen.

Wir fahren direkt auf die schwarzen Wolkenbänke zu, die von der hinter uns stehenden Sonne dramatisch beleuchtet werden. In Mühltal wählen wir die Abzeigung nach Thierbach auf eine wunderschöne Winzstraße, die über sattgrüne Wiesenhänge nach oben führt. Das Grün für landschaftlich reizvolle

Gute Aussicht:
noch mehr Kurven

Es werde Licht: Offenbarung auf der Ackern-Alm

Strecken fehlt hier allerdings in der Generalkarte. Wahrscheinlich ist deshalb so wenig los. In Thierbach weist ein leicht zu übersehendes Schild mit der Aufschrift »Kundl« nach rechts auf eine kleine Piste, die steil ins Tal führt. Da müssen wir hin. Mit einem schweren Tourer macht es schon ein bißchen Mühe den Weg zu bewältigen. Erstaunlich, daß so eine Strecke legal befahrbar ist. Vorbei an einem alten Bergwerk rutschen wir weiter talwärts – ein echtes Schmankerl für Schotterfreaks.

Zwischen Kundl und Rattenberg bewegen wir uns direkt am Rande des Gewitters, rechts ist alles schwarz und dunkel, links scheint die Sonne. Je nach Verlauf der Straße werden wir geduscht, dann wieder blitzgetrocknet.

In Brixlegg machen wir dem Spiel eine Ende und halten uns Richtung Süden. Dort entdecken wir wieder eines dieser Tiroler Traumsträßchen. Es ist allerdings nicht ganz einfach. Erst lassen wir Reith rechts liegen, fahren auf der Hauptstraße weiter, bis zum Ortsteil Hygna. Im Ort steht eine kleine Kirche, vor

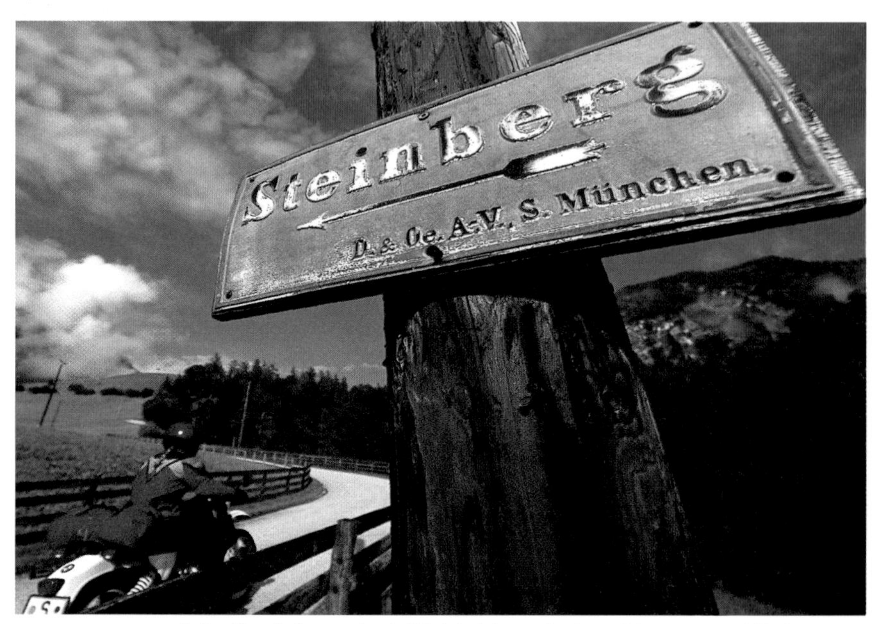

Schotter-Schmankerl: Waldpiste zwischen Pinegg und Steinberg

Green Peace: die teure Mautstraße zur Valepp-Alm

der wir nach rechts, Richtung Kerschbaumer Sattel, abbiegen. Eine kurvige Alpenstrecke wie aus dem Bilderbuch, vorbei an saftiggrünen Wiesen und schwarzverwitterten Holzhütten mit großen Steinen auf dem Dach, die bei Blähungen der Bewohner verhindern sollen, daß die Schindeln abheben.

Am Scheitelpunkt der Strecke bietet sich eine fantastische Aussicht ins vielbesungene und -befahrene Zillertal. Von oben wirken die zahllosen Autos der Touristen wie Spielzeug. Wir sehen sie zwar, hören sie aber nicht. Hier herrscht friedliche Ruhe. Ein paar Gasthöfe laden zur Übernachtung ein, aber wir haben noch etwas vor. Auf der gegenüberliegenden Talseite lockt noch ein kerniger Schotterabstecher.

GEOLSALPE (1733 METER)

Am nördlichen Ortsausgang von Fügen zweigt eine Straße nach links, Richtung Fügenberg, ab. Nachdem wir den Ort passiert haben, folgen wir den kleinen Holzwegweisern zur Geolsalpe. Die befestigte Straße hört plötzlich auf und das Stehen in den Fußrasten wird aufgrund der holprigen und ausgewaschenen Piste zur Notwendigkeit. Immer weiter geht es nach oben. Wir passieren eine Wegkreuzung, wo es links wieder bergab Richtung Fügen geht. Da müssen wir später zurückfahren, aber erst wollen wir noch zu den Almhütten. Wir kreuzen die breite Skipiste, fahren unter der Seilbahn, deren Gondeln jetzt im Sommer Trauer tragen, durch. Der Blick ins Tal ist atemberaubend. Wunderschöne violette Blumen säumen die schmale Piste. Nach einem hölzernen Viehgatter sehen wir hinter der nächsten Biegung die Hütte der 1733 Meter hoch gelegenen Geolsalpe. Leider bietet

Bayrische Lebensart: Biergarten am Schliersee

die urige Almwirtschaft keine Übernachtungsmöglichkeit. Das gleiche trifft auch auf die noch zwei Kilometer weiter entfernt in 1856 Meter Höhe liegende Gartalpe zu. Eine holprige Piste, die nur im Schritt-Tempo zu bewältigen ist, führt zu ihr.

Wir ruhen uns noch eine Weile aus, beobachten die Kühe und

Fall-Studie: romantischer Weg entlang der Windauer Ache

genießen den Weitblick ins Zillertal, bevor wir uns wieder auf die abschüssige Wegstrecke konzentrieren müssen. Vorbei an der Seilbahn-Mittelstation Spielbergalm kurven wir erst auf Schotter, dann auf Asphalt zurück nach Fügen. Wir erklimmen wieder die andere Seite der Zillertalhöhe, wo uns jetzt am frühen Abend das Gewitter einholt. Die riesige Wolke über uns ist pechschwarz. Wir haben kaum das Gepäck abgeladen und die Tür des Gasthofes erreicht, als die Wolke aufbricht. Wären wir noch auf den Maschinen hätte uns dieser Regen in Sekunden durchnäßt. Glück gehabt.

GARTALPE (1856 METER)

Am frühen Morgen liegt dich-

S
N 250

Gut profiliert: Enduristin schöpft Kraft für die nächste Etappe

Durchgeboxt:
durch die Windauer Ache

ter Nebel im Tal, darüber scheint die Sonne. Nach dem Frühstück fahren wir zurück, Richtung bayrische Grenze. Allerdings nicht auf dem direkten Weg am Achensee vorbei. Ein Tiroler Schmankerl haben wir noch zu bieten. Über Rattenberg, dessen historische Innenstadt aufgrund des Touristenrummels nur frühmorgens besucht werden sollte, fahren wir nach Kramsach und folgen dort den Schildern nach Brandenberg. Quasi an einer Felswand entlang steigt die Straße aussichtsreich nach oben.

SCHOTTERPAß PINEGG – STEINBERG

In Pinegg nimmt ein Schottersträßchen, das durch dichten Nadelwald nach Steinberg führt, seinen Ausgang. Fast unglaublich, was Tirol so alles an Superstrecken zu bieten hat. In Bayern sind solche Strecken für Fahrzeuge tabu. Ein Grund mehr, auf diesen Tiroler Schotterwegen rücksichtsvoll zu fahren. Motorrad-Wandern ist hier angesagt, nicht hirnloses Heizen. Ein Auto mit einheimischen Nummernschild kommt uns im Wald entgegen, dessen Fahrer ist sichtlich erstaunt darüber, daß wir die legale Alternative zur »181« gefunden haben.

Nachdem wir die reichhaltigen Portionen im urigen Gasthaus Bergalm am Ortsausgang von Steinberg genossen haben, fahren wir über die Grenze zum Achenpaß. Nach so viel guten Abstecher-Erfahrungen in Tirol wollen wir das auch in Bayern probieren. In Rottach-Egern folgen wir den Schildern nach Enterrottach, wo die Mautstraße nach Valepp beginnt. Die Karte verspricht sogar ein bißchen Schotter, doch die Straße ist zwar sehr holprig, aber bis zur Valepp-Alm durchgeteert. Die Straßenbenutzungsgebühr ist unverschämt hoch, allerdings führt die Strecke auch durch ein sehr schönes Gebiet mit viel Wald und einer kleinen Schluchtstrecke vor dem Endpunkt, wo ein Verbotsschild die Weiterfahrt zum Spitzingsee verhindert. In Gmund endet die Schmankerlrunde, wo sie begonnen hat.

ACHENPAß (941 METER)

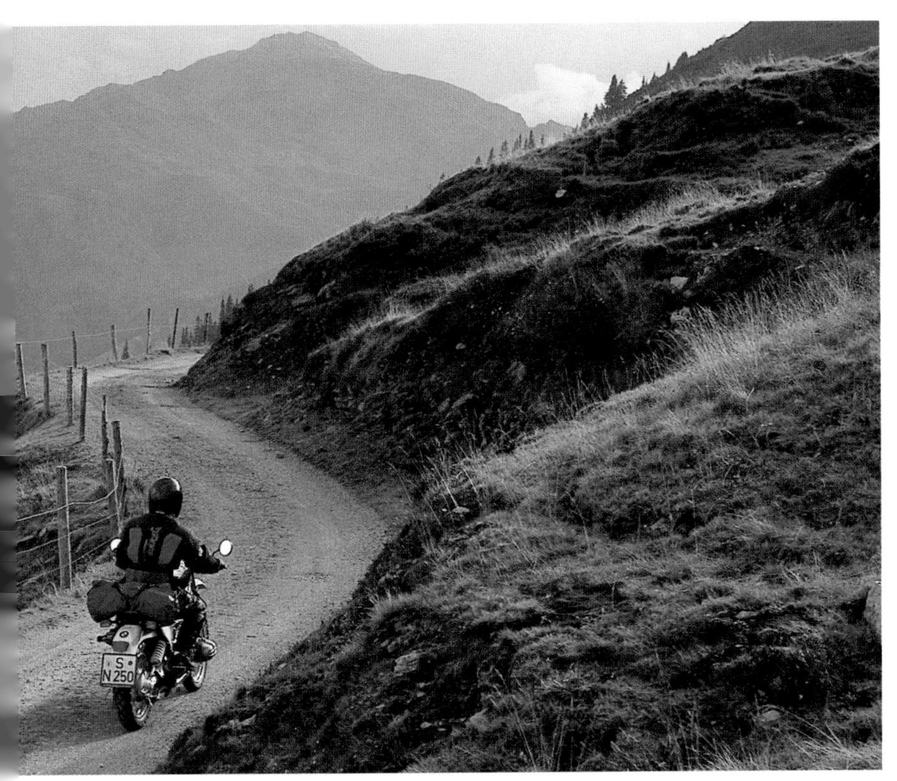

Bilderbuch-Tirol: Schotterweg zu Geols- und Gartalpe

Gefahrene Strecke
(einschließlich Abstecher):
etwa 330 Kilometer

Karte:

Die Generalkarte »Deutschland«,
1 : 200 000,
Blatt 26, 8,80 Mark.

Route:

Gmund am Tegernsee – Deutsche Alpenstraße – Hausham – »307« – Schliersee – Neuhaus –

Abstecher: Spitzingstraße – Spitzing-Sattel (1128 Meter) – Spitzingsee – Bayrischzell – Abstecher: Sudelfeld – Rosengasse – Tatzelwurm – Bayrischzell – Ursprungtal – Grenzübergang Bayern/Tirol – Ursprung-Paß (849 Meter) – Abstecher: Ackernalm (Maut) – Thiersee – Vorderthiersee – KUFSTEIN – »171« – Kirchbichl – »312« – Hopfgarten – Westendorf – Abstecher: Windauer Tal – Windauer Ache – Obere Karalpe – Westendorf – »170« – Hopfgarten – Niederau – Wildschönau – Mühltal – Abstecher: Schönanger Alm – Mühltal – Thierbach – Kundl – »171« – Rattenberg – Brixlegg – Reith – Hygna – im Ort an der Kapelle rechts, Richtung Kerschbaumer Sattel – Niederhart – Fügen – Fügenberg – Geolsalpe (1733 Meter) – Gartalpe (1856 Meter) – zurück zur Pistenkreuzung, scharf rechts nach Fügen – ‚169« – Schlitters – »171« – Brixlegg – Kramsach – Brandenberg – Pinegg – im Ort kleiner Holzwegweiser nach rechts, dann gleich wieder links, rechts altes Blechschild an einem Mast, das Richtung Steinberg weist – enger Schotterweg durch den Wald -Steinberg – Achental – Grenzübergang Tirol/Bayern – Achenpaß (941 Meter) – Deutsche Alpenstraße – Kreuth – Rottach-Egern – Abstecher: Tal der Weißen Valepp – Valepp-Alm (Maut) – Rottach-Egern – »318« – Bad Wiessee – Gmund am Tegernsee.

Weiterfahrt:
Anschluß an den Salzburger Land/Osttirol-Trip (Alpen 1, Tour 3) über die Zillertaler Höhenstraße, südlich von Fügen.
Anschluß an den Nordtirol-Trip (Alpen 1, Tour 2) über Innsbruck.

Übernachten:

In den Bänden Alpen 1 und Süddeutschland der Edition Unterwegs (Motorbuch-Verlag, je 29,80 Mark) haben wir bei den dort beschriebenen Touren »Nordtirol« und »Oberbayern« bereits einige motorradfreundliche Gasthöfe genannt. Zusätzlich empfehlenswert sind die folgenden Häuser:

- Gasthof Reitlwirt
Lauterbach III/35
A - 6364 Brixen im Thale
Telefon: 00 43/53 34/81 19;
Fax: 00 43/53 34/81 45.
Kleine Pension.

● Alpengasthaus Steinerhof
Bruckerberg 9
A - 6262 Bruck am Ziller
Telefon: 00 43/52 88/7 23 85
Ruhig gelegen, einfache Zimmer.

Mittelalterlich:
Ortskern von Rattenberg

● Gasthaus Steinberghaus
A - 6363 Westendorf-Windau
Telefon/Fax: 00 43/53 34/25 34
Ruhige Lage im Windautal. Restaurant mit typischer Küche.

●● Berggasthof Rosengasse
Rosengasse 1
Oberaudorf
Telefon: 0 8023/640
Rustikaler Gasthof in ruhiger Lage im Sudelfeldgebiet. Zimmer mit Dusche/WC/Bad und Balkon. Schwimmbad, Dampfbad

● bis ●● Berggasthof Ackernalm
A - 6335 Landl/Thiersee
Telefon: 00 43/6 63/59 5 96
Ruhig am Ende einer Mautstraße in 1350 Meter Höhe gelegene Alm, die von Mai bis November ruhetagslos bewirtschaftet wird.

● Gasthof Riesen
A - 6352 Ellmnau
Telefon: 00 43/53 58/26 69
Neurenoviertes Gasthaus.
Wirt fährt selbst. Matratzenlager möglich.

●● Beim Neuwirt
A - 6234 Brandenberg 64
Telefon: 00 43/53 31/53 39;
Fax: 00 43/53 31/53 39 6
Komfortables Hotel mit schönen Zimmern, kurz vor dem Schotterpaß nach Steinberg.

Leckerbissen: Schotterweg nach Steinberg

 Gastronomie:

Besonders gemütlich sitzt man im Biergarten »Schlierseer Hof« direkt am gleichnamigen See. Die bayrischen Schmankerl werden an einem Selbstbedienungsbuffet ausgegeben.

 Sehenswert:

Der mittelalterliche Ort Rattenberg in Tirol. Allerdings nur morgens bis 10 Uhr. Dann darf mit den Motorrädern noch ins historische Zentrum gefahren werden und die Touristenmassen sind noch nicht unerträglich.

 Adressen:

Landesfremdenverkehrsverband Bayern
Prinzregentenstraße 18/IV
80538 München
Telefon: 0 89/21 23 97 0;
Fax: 0 89/29 35 82

Fremdenverkehrsverband
München-Oberbayern
Sonnenstraße 10
80331 München
Telefon: 0 89/59 73 47;
Fax: 0 89/59 31 87.

Tirol Werbung
Bozner Platz 6
A - 6010 Innsbruck
Telefon: 00 43/512/53 20 170;
Fax: 00 43/512/53 20 174.

Gesäuse-Abstecher: die einsame Strecke nach Johnsbach

ZWISCHEN HÜGELN UND BERGEN

Bei einer Tour durch die Steiermark ist die Landschaft mal hügelig, mal bergig. Ein ständiges Auf und Ab für kurvensüchtige Biker.

HOFALM

DACHSTEIN-STRASSE

Als wir nördlich von Radstadt die stark befahrene Schnellstraße verlassen und Richtung Filzmoos/Ramsau abbiegen, fällt mir wieder dieser gemeine Kanzlerwitz ein. Kohl ist in Österreich eingeladen, genauer gesagt in St. Anton, wo er die Bewohner »liebe Stantoner« anspricht. Sein Berater erklärt ihm, daß in »St.« am Anfang eines Namens »Sankt« ausgesprochen wird und bei dem folgenden Besuch in der Steiermark begrüßt der glücklich lächelnde Kanzler die Menschen mit »liebe Sankt Eiermärker«.

In Filzmoos machen wir auf einer kleinen, zur Hälfte geschotterten und mautpflichtigen, Straße einen Ausflug zur Hofalm. Nicht nur wegen der grandiosen Aussicht auf die Dachsteingruppe lohnt sich dieser Weg, der Kaiserschmarrn im Garten der Almhütte ist auch nicht schlecht. An Wochenenden ist hier allerdings alles voller rotsockiger Almdudler, also besser unter der Woche genießen.

Das gilt auch für die gut ausgebauten Big Bike-Kurven der mautpflichtigen Dachsteinstraße, die direkt an die gewaltige Dachstein-Südwand heranführt. Am Endpunkt der Straße befindet sich ein Parkplatz für tausend Autos.

Schwergewichte: Hauly und Harley am Erzberg

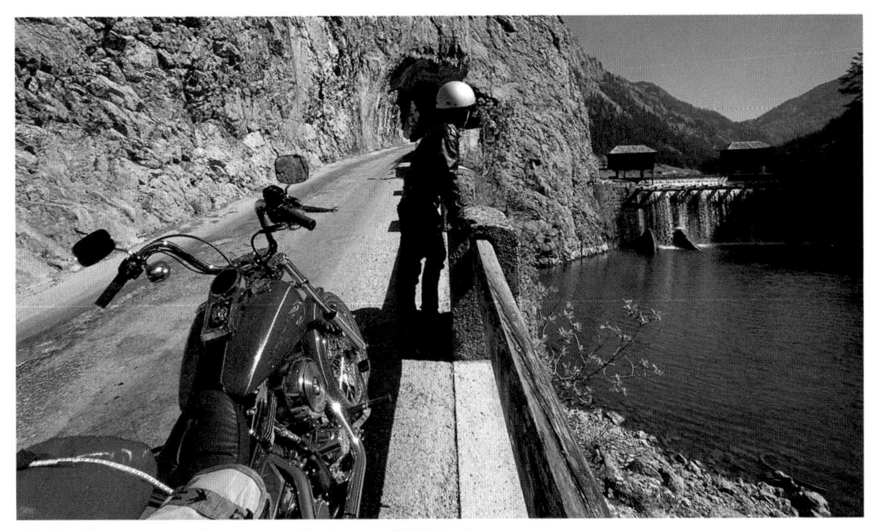

Steile Strecke: entlang der Salza bei Wildalpen

Dafür ist das nächste Mautsträßchen idyllischer. In Gröbming zweigt der Fahrweg zum Stoderzinken ab, einem herausragenden Kalkgipfel. Ich kann mich noch genau erinnern, als Elke und ich das erste Mal hier hoch gefahren sind.

Eine Kurve folgt auf die nächste. Eng und steil swingt das griffige Asphaltbändchen nach oben, erst durch Nadelwald, dann vorbei an immer knorriger aussehenden Büschen. Die Sonne scheint, das Motorrad läuft einwandfrei. Doch statt alpiner Hochgefühle wird das komische Ziehen in meinem Magen mit jeder Kehre stärker. Elke ist mir mit ihrer Maschine dicht auf den Fersen. Ihren Gesichtsausdruck kann ich im Rückspiegel nicht erkennen.

In den Kurven ziehen die Gurte meines voluminösen, über 20 Kilogramm schweren Rucksackes an den Schultern. Sein Inhalt ist der Grund meines Unbehagens, oder besser gesagt das, was ich mit diesem Inhalt vorhabe.

STODERZINKEN

Die 13 Kilometer lange Stoderzinken-Alpenstraße endet am Parkplatz vor dem Steinerhaus in 1845 Meter Höhe, wo wir die Motorräder abstellen. Zwischen hier und der saftiggrünen Almwiese in 2030 Meter Höhe, knapp unter dem Gipfel des Stoderzinkens, liegen noch gut

30 Minuten strammer Bergmarsch, sagte man uns und man sagte uns auch, daß der heute wehende Südostwind ideal wäre für einen Flug vom Stoderzinken.

Elkes Gesicht verrät nichts. Ich versuche ein ähnliches Pokerface aufzusetzen, pfeife sogar ein bißchen, um coole Lockerheit zu demonstrieren. Den Gang zur Toilette des Berggasthofs erkläre ich mit den drei Tassen Kaffee, die das üppige, steirische Frühstück am heutigen Morgen begleitet haben. Das schmerzhaft kalte Wasser im Gesicht bringt mich kurz auf andere Gedanken. Doch beim Schultern des Rucksacks, der Gleitschirm, Gurtzeug und Helm enthält, ist der Grund unseres Daseins sofort präsent und mir wieder flau im Magen. Elkes Lächeln wirkt gezwungen. Mit den Riesen-Rucksäcken sehen wir aus wie Everest-Aspiranten. Schon nach wenigen Metern Fußweg steht mir der Schweiß auf der Stirn, hauptsächlich von der Anstrengung.

Mein T-Shirt ist mittlerweile patschnaß geschwitzt, der Gleitschirm-Rucksack zieht mich fast nach hinten weg. Eine gute halbe Stunde später deutet ein fröhlich im Wind flatternder rotweiß gestreifter Sack daraufhin, daß wir uns am Startplatz unterhalb des Stoderzinken-Gipfels befinden. Bienen summen, fliegen in der grünen Wiese von weißen zu blauen Blümchen, offensichtlich Enzian. Bei mir im Kopf summt es ebenfalls, ich bräuchte jetzt auch einen Enzian. Die friedliche Alpenszene steht im krassen

Kulturdenkmal: der steirische Brotlaib in Erzberg

Gegensatz zu den vor uns liegenden 1200 Meter Höhenunterschied, die direkt hinter der Kante mit einer 1000-Meter-Felswand beginnen.

Ein paar Fluglehrer vom Sky Club Austria, der in Gröbming ansässig ist, haben heute frei und wollen hier zu einem Streckenflug starten. Einer von ihnen, Helmut aus München, ein sehr erfahrener Pilot, kommt kurz herüber, redet nachdem er den Angstschweiß gewittert hat, ruhig auf uns ein, beobachtet wie wir unsere Schirme auslegen. Elkes Kommentar, daß mein Schirm vor ihrem liegen würde,

Friedlich: Bergsteigerfriedhof in Johnsbach

ich also als erster raus müßte, trifft mich wie ein Tiefschlag, mein Mund ist trocken, ein Adrenalinstoß puscht die Angst weg. Der Windsack steht genau richtig. Los jetzt, sagt Helmut. Ich ziehe den Schirm auf, bremse ihn leicht an und renne auf den Abgrund zu. Schon nach dem zweiten Schritt geht es nach oben und über die Kante.

Ich fliege und werde augenblicklich ruhig. Als ich mich umdrehe, sehe ich Elke in der Luft. Ein winziger, bunter Vogel vor der mächtigen Kulisse des Dachstein-Gebirges. Unser erster richtiger Flug, die Welt ganz klein unter uns, ein Gefühl von grenzenloser Freiheit. Später erinnere ich mich während des Fluges an nichts gedacht zu haben, nur einfach geflogen zu sein. Nach einer Ewigkeit (der Uhr nach sollen es nur 15 Minuten vom Start bis zur Landung gewesen sein) meldet sich die Erde zurück. Der Bauer auf seinem Traktor wird immer größer, und mit ihm die Bäume, Sträucher, Häuser und Telefonleitungen.

Ich entdecke die Landewiese, checke die Windrichtung. Kurz darauf verwandle ich mich vom Vogel in einen Fußgänger zurück. Wir packen die Schirme und lassen uns noch einmal die Stoderzinkenstraße hinaufkutschieren, diesmal sind wir ruhiger. Unsere Maschinen stehen immer noch da, wo wir sie abgestellt haben. Wir swingen ins Tal, lassen unsere sperrigen Schirme in Gröbming und setzen unseren Steiermark-Trip fort.

Die Strecke mit dem verführerischen Namen »Durch den Stein« ist leider mittlerweile per Schranke gesperrt. Einheimische Motorradfahrer frequentieren sie allerdings immer noch ab und zu, dann aber nur werktags und mit Rücksicht auf eventuelle Wanderer.

Auf der »146« gelangen wir recht flott nach Liezen und auf der »138« über den Pyhrnpaß weiter nach Windischgarsten.

Das Stodertal lockt mit einer winzigen, werktags kaum befahrenen Straße, die, wie ein Schild anzeigt, als Eisenstraße tituliert wird. Das letzte Wegstück ist geschottert und trotzdem legal befahrbar.

Am Gasthof Baumschlagerreith vor der hochalpinen Kulisse des Toten Gebirges ist dann Schluß. Der kredenzte Kaiserschmarrn, so erzählt die heisere Kellnerin, die ihn sichtlich selbst bevorzugt, stammt nicht, wie viele Süßspeisen-Enthusiasten annehmen aus Wien, sondern ist irgendwo hier in einer oberösterreichischen Holzhütte erfunden worden. Kaiser Franz Joseph pflegte bei seinen Jagdausflügen in solch primitiven Behausungen zu nächtigen, der deftige Holzfällerschmarrn soll ihm allerdings auf den Magen geschlagen sein, so daß für ihn eine feinere Art mit Milch, Mehl und Eiern erfunden worden ist, die später als Kaiserschmarrn Weltruhm erlangte.

Zurück in Windischgarsten folgen wir dem Eisenstraßen-Schild Richtung Hengstpaß. Eine gute Wahl. Auf der kurvenreichen Strecke verkehren fast ausschließlich Motorradfahrer. Hinter dem Paß ist die Straße spektakulär in die Felsen gesprengt.

In St. Gallen, bei der weithin

Abwechslungsreich: Fahrt durch Gesäuse

sichtbaren Burgruine Gallenstein zweigt ein Sträßchen nach Großreifling ab. Die Burg hat auch eine eiserne Tradition, sie gehörte einst einem Hammerherrn, dem Besitzer eines wasserradgetriebenen Hammerwerkes zur Bearbeitung von Eisen. Seit 1831 steht das Gebäude leer, hält damit den traurigen Rekord die jüngste Ruine der Steiermark zu sein.

Zwischen Großreifling und Erzhalden finden wir erst nach einiger Zeit die in der Generalkarte eingezeichnete gelbe Straße nach Erzhalden. Wieder ein echter Fahrgenuß. Durch grüne Hügellandschaft folgen wir dem Lauf der Salza, machen einen Abstecher ins idyllische Hinterwildalpen und gelangen schließlich in den herausgeputzten Wallfahrtsort Mariazell.

Einheimische Möchtegern-Grand Prix-Stars lieben sichtlich die gut ausgebaute Strecke mit ihren übersichtlichen Kurven,

Motorradwandern: hier am Fuß von Burg Gallenstein

die nördlich der Stadt Richtung Annaberg führt. Kurz vor diesem Ort geht es rechts auf eine ruhigere Straße nach Gscheid ab. Das ist wieder eher etwas zum gemütlichen Dahintuckern. Über Terz und den Lahnsattel fahren wir nach Mürzsteg. Dann wird es noch schöner. Am Dobreinbach entlang präsentiert sich wieder Alpines aus dem Bilderbuch.

Die »20« über den Seebergsattel ist Pflicht, aber bevor wir nach Bruck und Leoben weiterfahren, erlauben wir uns noch einen lohnenswerten Abstecher zum Bodenbauer Alpenhotel. Der Fahrweg endet vor einer grandiosen Bergkulisse.

In Leoben stoßen wir wieder auf die Steirische Eisenstraße. Der nächste Ort, Vordernberg, war einst, bevor die Erzbergbahn von Leoben nach Hieflau gebaut wurde, das Zentrum der österreichischen Eisenverhüttung. Bereits im 17. Jahrhundert wa-

Hartnäckig: Am Sölk-Paß hält sich der Schnee

ren hier vierzehn Radwerke in Betrieb. Die letzten Hochöfen wurden um die Jahrhundertwende ausgeblasen. Ein Hauptdarsteller der Schwerindustrie, das Radwerk IV, ist ein Meisterwerk früher Industrie-Architektur und nach erfolgreicher Restaurierung der Öffentlichkeit zugänglich. Die mächtige Holztüre ist verschlossen, aber ein alter Mann spürt unser Interesse und sperrt auf, um uns kurz das Innere des Gebäudes zu zeigen. Im Zentrum steht der mächtige Hochofen, der von einem wasserradgetriebenen Gebläse angeheizt wurde. »Hier trafen alle vier Elemente aufeinander: Wasser aus dem Bach, das die Luft für das Feuer lieferte, um die Erde zu schmelzen, die das Eisen enthielt.«

Kurvenreich geht es weiter zum 1232 Meter hohen Präbichl. Die einst atemberaubend steile Straße verbindet auch heute noch die beiden wichtigsten Zentren der österreichischen Eisenindustrie, das oberösterreichische Steyr und das steirische Leoben. Allerdings ist sie seit ihrem Ausbau eine beliebte Trasse für sportliche Big Biker geworden, die sich in der Nähe der Paßhöhe an einem Kiosk mit

Panoramblick auf den Erzberg treffen.

Wir fahren direkt zum Schaubergwerk, unterhalb des die Stadt dominierenden Erzberges. Ein gelbes Monster schüttelt sich, brüllt immer wieder heiser auf und stößt dabei mächtige Rauchwolken aus. Wenn »Hauly« seine 860 Pferdestärken mobilisiert und sich seine 2,6 Meter hohen Reifen ruckartig in Bewegung setzen, degradiert er zweirädrige Schwergewichte wie zum Beispiel eine Harley-Davidson Heritage Classic zum Spielzeug-Motorrad und treibt deren Fahrer die Schweißperlen auf die Stirn. Wäre der Reifen aufgeschnitten, so könnten Mann und Maschine wie ein Hamster im Laufrad durch das Kautschuk-Rund rotieren.

Hauly ist ein Schwerlastkraftwagen, von denen derzeit 20 am Steirischen Eisenberg abgesprengtes Erz zu Tal schaffen – 210 Tonnen pro Stunde. Die Schwerarbeit hat Hauly allerdings längst hinter sich. Mit seinen acht Jahren ist er einfach schon zu alt dafür. Doch anstatt auf dem Schrottplatz zu verrosten, transportiert er – frisch lackiert – helm- und plastikmantelbewehrte Touristen über die zahlreichen Stufen des Erzberges. Seine Lademulde ist mit überdachten Sitzreihen bestückt, die auf einer langen Leiter erklommen werden müssen – eine gelungene, weltweit wohl einzigartige Touristenattraktion.

Touren finden allerdings nur zwischen zehn Uhr morgens und fünf Uhr nachmittags statt, denn vorher und nachher wird gesprengt. In der Altstadt von Eisenerz weisen Schilder auf die Gefahren hin: »Der Aufenthalt im Freien während der Schusszeiten ist verboten. Bei Signal Häuser/Deckung aufsuchen.« Die Eisenerzer sind schon lange an diese Tagesabläufe gewöhnt, in ihrem Ort wird seit Hunderten von Jahren das wertvolle Erz gewonnen, das unter anderem zur Harley-Herstellung verwendet wird.

An Wochenenden und Feiertagen widerfährt dem Erzberg seit

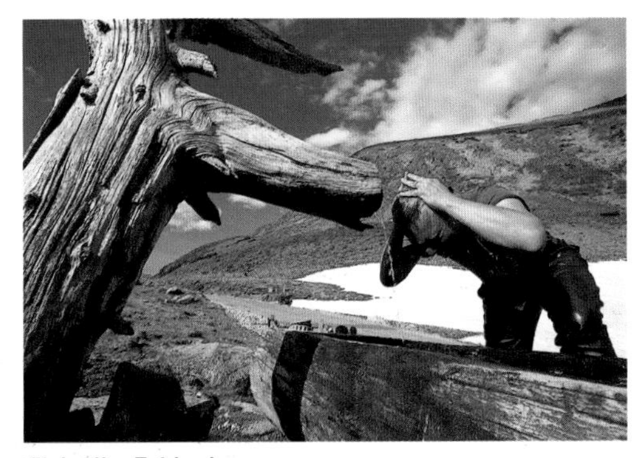

Eiskalte Erfrischung: Viehtränke am Sölk-Paß

Glücklich? Milchvieh am Hengstpaß

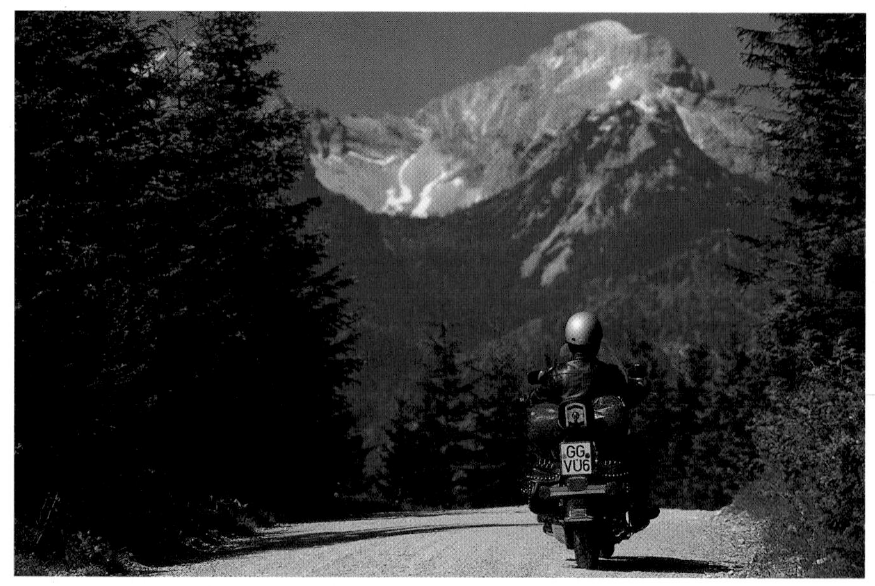

Beeindruckende Kulisse: ein Abstecher ins Stodertal

einiger Zeit Ungewöhnliches. Auf seinen Serpentinenstrecken kämpfen dann Mountainbiker, Enduro- und Rallyefahrer um Pokale. Eigentlich erstaunlich, daß der berühmteste Sohn der Steiermark den Erzberg noch nicht als Kulisse für einen neuen Action-Reißer entdeckt hat. Arnold »die steirische Eiche« Schwarzenegger, die ofenrohrdicken Arme um das Lenkrad des Haulys geklammert auf Gangsterjagd am Erzberg, das gäbe bestimmt ordentlich Publicity für die Nach-Eisenzeit.

Am höchsten Punkt der Truck-Tour fällt der Blick auf die umliegenden Berge. Und das ist das eigentlich Erstaunliche. Obwohl die Gegend so lange intensiv von Menschen ausgebeutet wurde, sieht man dem Umland nichts an. Unversehrte, idyllische Berge ringsherum, kleine Sträßchen, Kühe auf saftigen Weiden. Mittendrin, quasi als Kulturdenkmal, die größte von Menschen geschaffene Pyramide der Welt, der rote Erzberg. An dessen tiefstem Punkt, im fast unwirklich türkisfarbenen See, könnte sogar gebadet werden, so sauber ist das Wasser. Aus Haftungsgründen erlaubt das die Bergwerksgesellschaft noch nicht offiziell, aber während der hier stattfindenden sommerlichen Wochenend-Freiluftkonzerte springt der eine oder andere schon mal ins kühlende Naß.

Eine kleines Motorradsträßchen mit vergangener, eiserner Hoch-Zeit empfiehlt der Bahnwärter am Blockposten Eisenerz, wo heute noch täglich die mit Erz beladenen Züge vorbeirattern. Und er gibt auch die Geschichte vom Wassermann zum besten, der der Sage nach im Jahre 712 Eisenerzer Bürgern den Erzberg gezeigt haben soll. Ein gotischer Bildstock auf dem Weg ins Radmertal markiert die Stelle. Die Eisenerzer hatten den Wassermann in einem Sack gefangen und dieser versprach ihnen Reichtum als Gegenleistung für seine Freilassung: »Gold für ein Jahr, Silber für zehn Jahr oder Eisen für immerdar.« Die Eisenerzer wählten das Eisen und fuhren gut damit. Da der Erzberg so vielen Menschen ein regelmäßiges Einkommen bescherte, nannten sie ihn ihren steirischen Brotlaib.

Doch die Rohstoffreserven schmolzen mit den Jahren dahin wie das Erz, das dem Berg abgerungen wurde. Geologen rechnen damit, daß die Eisenerzvorkommen bis 1998 erschöpft sein werden.

Der Berg wird dann allerdings immer noch stehen, erklärt die nette Führerin, die die Fahrt mit dem gelben Monstertruck auf den Erzberg kommentiert. Das liegt daran, daß das Erz in Adern vorkommt, die durch Sprengungen freigelegt werden. Ein Großteil des Erzberges, unter anderem seine Spitze, besteht aus taubem Gestein, das kein Eisen enthält. Der Berg wurde also jahr-

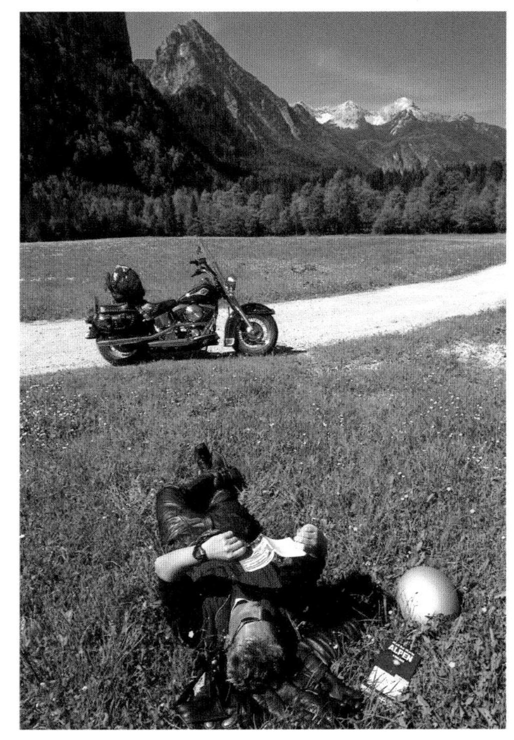

Idyllischer Rastplatz: Almwiese bei Baumschlagerreith

hundertelang von einer Flanke her abgetragen, der Abraum auf den Sturzhalden der anderen Seite wieder aufgeschüttet. Die Zuhörer sind begeistert und die grinsende Eisenerzerin setzt ihre Pointe: »Wir Steirer sind damit die einzigen Menschen, die Berge versetzen können.«

OBERST KLINKE-HÜTTE

SÖLKPAß (1790 METER)

Nach so vielen neuen Eindrücken können wir uns kaum loseisen, aber wir haben schließlich noch weitere schöne Strecken im Visier. Zum Beispiel die durch das Gesäuse, wo sich das Ennstal zwischen Hieflau und Admont pittoresk verengt. Ein Paradies nicht nur für Biker: Im Wasser toben sich die Rafting-Fans, an den steilen Felswänden die Freeclimber aus. Auf halber Strecke durch das Tal lohnt sich der Abstecher nach Johnsbach mit seinem beeindruckenden Bergsteigerfriedhof. Hinter Johnsbach kommen Schotterfans dann noch eine Weile auf ihre Kosten, bis ein Verbotsschild ihren Vorwärtsdrang beschränkt.

Unterm Dachstein: Endpunkt der Hofalmstraße

Von Admont fahren wir auf einer wunderbar kleinen Strecke direkt – nomen est omen – ins Paradies, wo wieder ein – diesmal allerdings mautpflichtiger – Schotterabstecher wartet. Die Oberst-Klinke-Hütte liegt immerhin 1486 Meter hoch, mit toller Aussicht auf den Admonter Kaibling.

Die Tauernstraße zwischen Trieben und Oberzeiring ist dann wieder sehr gut ausgebaut. Die Nebenstrecke bis Schöder läßt bereits die Vorfreude auf einen steirischen Klassiker wachsen: die Erzherzog-Johann-Straße über den 1790 Meter hohen Sölkpaß. Die Paßauffahrt wurde zwar kürzlich befestigt, aber Frost und Schmelzwasser haben dem Asphalt im harschen Winter an vielen Stellen heftig zugesetzt. Ein entgegenkommender, spoilerbewehrter Kleinwagen schürft trotz Schritt-Tempo herzerweichend durch die Schlaglöcher. Wir umfahren sie einfach. Auf der Paßhöhe trotzen noch einige Schneefelder den Schmelzversuchen der Sonne. Kurz darauf breche ich mir fast

Grüne Hügel: die andere Seite der Steiermark

das Genick. Die Idee im Halbschalenhelm sitzend den Schneehang hinunterzurutschen war wohl doch etwas zu gewagt. Die folgende Schneeballschlacht ist da schon weniger gefährlich. Bei der Abfahrt ermahnt ein neu errichtetes Schild Motorradfahrer rücksichtsvoll zu fahren, ansonsten drohe eine Streckensperrung.

In Pruggern stoßen wir wieder auf die »146«, nähern uns damit dem Ende der Steiermark-Runde. Einen Abstecher haben wir allerdings noch. Von Schladming führt ein anfangs geteerter, später geschotterter Weg zur Ursprung-Alm. Vor allem die letzten 14 Kehren, dank derer der Weg 400 Höhenmeter überwindet, haben es ordentlich in sich. Größere Motorräder kommen bei den Steigungen zwischen 20 und 25 Prozent schon ein bißchen an die Grenzen. Überflüssig zu erwähnen, daß die Landschaft hier, inmitten der Schladminger Tauern, atemberaubend schön ist. Zur Belohnung gibt es in der bewirtschafteten Ursprung-Alm dann eine kräftigende Vesper, um für die Rückfahrt gewappnet zu sein. Kurven machen nicht nur süchtig, sondern auch hungrig.

URSPRUNG-ALM

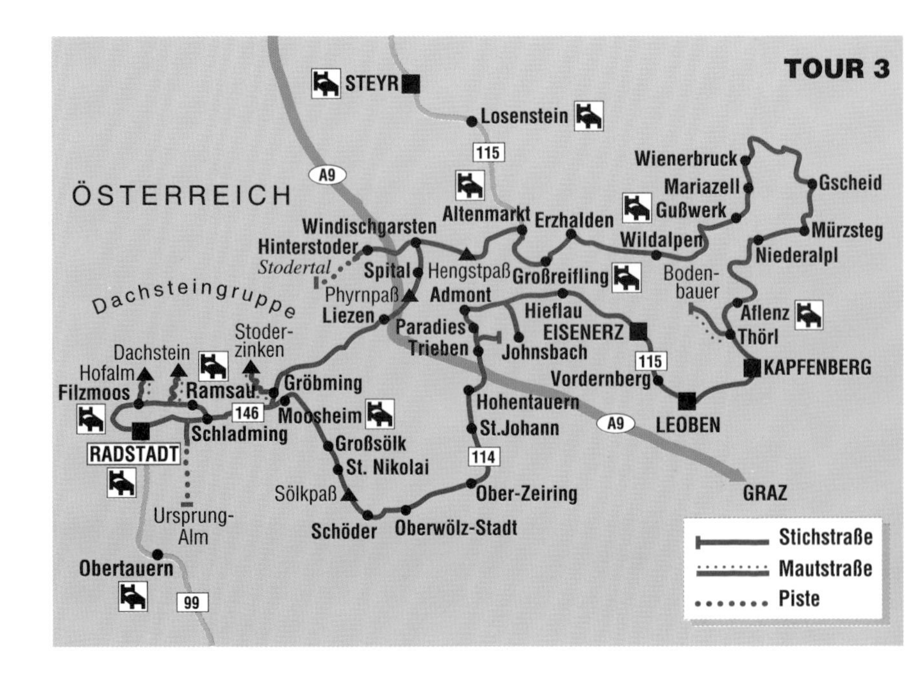

Gefahrene Strecke
(einschließlich Abstecher):
etwa 700 Kilometer

Karte:

Die Generalkarte »Österreich«, 1 : 200 000, Blätter 2 und 4, je 8,80 Mark.

Route:

RADSTADT – »99« – Eben im Pongau – Hinterlehen – Filzmoos – Abstecher: Hofalm (Maut) – Dachsteingruppe – Abstecher: Dachsteinstraße (Maut) – Ramsau am Dachstein – SCHLADMING – »146« – Gröbming – Abstecher: Stoderzinken (Maut) – »146« – Liezen – »138« – Pyhrnpaß – Spital am Phyrn – Windischgarsten – Abstecher: Hinterstoder – Stodertal – Windischgarsten – Hengstpaß – Laussa-Engpaß – Unterlaussa – Altenmarkt – »117«- Weißenburg an der Enns – St. Gallen – Ruine Gallenstein – Großreifling – an der Salza entlang – Erzhalden – »24« – Wildalpen – Abstecher: Hinterwildalpen – »24« – Gußwerk – Mariazell – »20« – Mitterbach – Wienerbruck -Gscheid – »21« – Terz – Halltal – Lahnsattel – Mürzsteg – Niederalpl – Wegscheid – »20« – Seebergsattel – Seewiesen – Graßnitz – Aflenz – Thörl – Abstecher: St. Ilgen – Bodenbauer Alpenhotel – Thörl – »20« – KAPFENBERG – BRUCK – »116« – LEOBEN – Eisenstraße – »115 a« – Trofaiach – »115« – Vordernberg – Präbichl – EISENERZ – »115« – Abstecher: Radmertal – Hieflau – »146« – Gesäuse – Abstecher: Johnsbach – Admont – Paradies – Abstecher: Oberst Klinke-Hütte (Maut) – Bärndorf – Trieben – »114« – Hohentauern – St. Johann am Tauern – St. Oswald-Möderbrugg – Unter-Zeiring – Ober-Zeiring – Oberwölz-Stadt – St. Peter am Kammersberg – Schöder – Erzherzog-Johann-Straße – Sölkpaß (1790 Meter) – St. Nikolai im Sölktal – Großsölk – Moosheim – Pruggern – »146« – Schladming – Abstecher: Ursprung-Alm – Pichl-Preunegg – Mandling – RADSTADT

Übernachten:

• Pension Royer
Vorberg 13
A - 8972 Ramsau/Dachstein
Telefon/Fax: 00 43/36 87/81 50 7
Alter Bauernhof, die Mitarbeiter fahren selbst Motorrad.

• Landgasthof Reit
Familie Ahornegger
A - 5532 Filzmoos
Telefon: 00 43/64 53/203;
Fax: 00 43/64 53/203 11.
Landgasthof in ruhiger Lage.

• Alpengasthof Rohrmoos
Familie Bichler
Munzgrubweg 10
A - 5550 Radstadt
Telefon: 00 43/64 52/368
Ruhige Lage, 300 Meter über Radstadt.

• Privatzimmer Biberhof
Biber Weyer Weg 3
A - 5550 Radstadt
Telefon: 00 43/64 52/75 33.
Ruhig an der Radstädter Tauern-Straße gelegen.

•• Pension Bliem
A - 5541 Altenmarkt
Telefon: 00 43/64 52/55 77
Fax: 00 43/64 52/60 20
Wirtsleute sind begeisterte Motorradfahrer und geben Tourentips.

Angenehme Ruhe: gastfreundliches Schloß Moosheim

●● Gasthof Pension Blasl
A - 4460 Losenstein-Ennstal
Telefon: 00 43/72 55/215
Motorradfahrertreff einheimischer Biker. Die Kinder fahren selbst. Tourentips, Benutzung der Garage mit Werkzeug kostenlos. Notfalls Camping am Haus möglich.

●● Hotel Hubertushof
Mariazeller Straße 45
A - 8623 Aflenz
Telefon: 00 43/38 61/31 31 0;
Fax: 00 43/38 61/31 31 31.
Motorradhotel im Zentrum des Kurortes Aflenz. Wirtsfamilie hat im Nachbarort ein Motorradgeschäft und vermietet Enduros.

●● Hotel Solaria
Dr. Kressestraße 86
A - 5562 Obertauern
Telefon: 00 43/64 56/72 50
Fax: 00 43/64 56/75 49
Die beiden Besitzer Werner und Christian Schmidt sind begeisterte Eigner und Fahrer von Africa Twin-Enduros. Sie geben Tourentips und haben 14 verschiedene Roadbook-Touren auf Asphalt und Schotter verfasst. Trockenraum mit speziellem Stiefeltrockner, Zimmer mit Bad/ Dusche/WC, Telefon, TV, Radio. Frühstücksbuffet, Sauna, Dampfbad, kostenlose Garage.

●● Gasthof Schnabl
Erb 16
A - 8931 Großreifling
Telefon 00 43/36 33/22 15
Fax 00 43/36 13/23 12 46.
In einer alten Mühle untergebrachter Gasthof. Einfache Zimmer.

●● Hotel Schloß Moosheim
A - 8962 Gröbming
Telefon: 00 43/36 85/23 21 00;
Fax: 00 43/36 85/23 21 06.
Das motorradfahrende und gleitschirmfliegende Ehepaar Ernst und Gerlinde Schrempf führt das von ihnen restaurierte, historische Gebäude mit einer Lockerheit, die sich angenehm von der sonst oft zu erfahrenden Atmosphäre in Schloßhotels unterscheidet.
Für die Gäste gibt es jeden Tag Programm, vom Almbesuch per Motorrad mit einem Original Steirer Kas-Essen (riecht wie alte Socke, schmeckt aber gut) bis zum Steckerlfisch-Grillen im Schloßhof.
Sehr schöne Zimmer (Empfehlung für Verliebte: das Turmzimmer!) mit Dusche, WC, Radio, Telefon, Farbfernseher. Gutes Restaurant, Halbpension empfehlenswert.
Reichhaltiges Frühstücksbuffet.

●●● Jagdschloß Gleißnerhof
A - 8632 Gußwerk
Telefon 00 43/38 82/32 69.
Ruhig gelegenes Schloßhotel für Romantiker. Drei schöne, geräumige Zimmer.

●●● Hotel Mader
Stadtplatz 36
A - 4400 Steyr
Telefon 00 43/72 52/53 35 80
Fax 00 43/72 52/53 35 06.
Das Hotel liegt direkt am historischen Marktplatz. Die Motorräder parken sicher in der Garage oder im abschließbaren Innenhof.

 Gastronomie:

Spezialität ist der Steirer Kas, dünne, knusprige Pfannkuchen

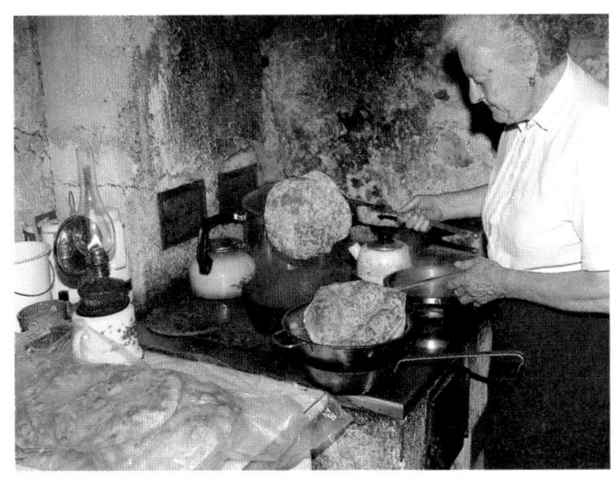

Streng riechende Spezialität: Steirer Kaskrapfen

mit Kartoffeln, Sauerkraut und extrem geruchsintensivem Käse. Typisches Almhütten-Gericht, das stilecht ohne Besteck gegessen wird, indem man sich so eine Art Alpen-Enchilada aus allem bastelt. Eine weitere Spezialität der Steiermark ist das aus dem von Christoph Kolumbus nach Europa gebrachten texanischen Kürbis gewonnene Kernöl, das vor allem in Salatsaucen zu den Highlights der steirischen Küche gehört.

Sehenswert:

Der historische Marktplatz von Steyr, wo im Heimathaus das Eisenmuseum (Grünmarkt 26, 4400 Steyr, Telefon 00 43/72 52/5 30 91) untergebracht ist. Öffnungszeiten November bis März, Mittwoch bis Sonntag, 10 bis 15 Uhr, April bis Oktober, Dienstag bis Sonntag, 10 bis 15 Uhr. Das Museum zeigt die Stadtgeschichte mit Schwerpunkt Eisen, Eisenverarbeitung und -handel.

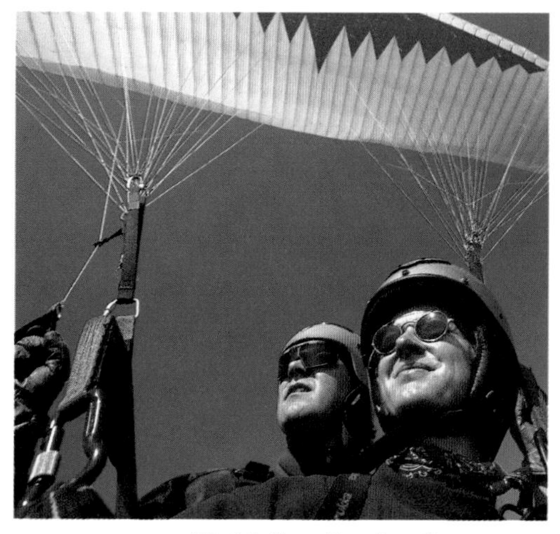
Für Mutige: Tandemflug vom Stoderzinken

Durch das Radwerk IV in Vordernberg (9794 Vordernberg, Telefon 00 43/38 49/283 oder 206) gibt es Mittwoch bis Sonntag um 9.30 Uhr und Dienstag bis Freitag um 14.30 Uhr eine Führung. Gruppen ab fünf können eigene Termine vereinbaren. Die Roheisengewinnung wird am eindrucksvollen Original-Hochofen erklärt.
Beeinduckend ist der Bergsteigerfriedhof in Johnsbach, der auf einer Stichstraße vom Gehäuse aus zu erreichen ist.

Eine Fahrt mit dem 860 PS-starken Schwerlastkraftwagen »Hauly« auf den Erzberg und Besichtigung des Schaubergwerks in Eisenerz gehört zu den neueren Attraktionen der Steiermark. Geöffnet von 1. Mai bis 31. Oktober. Tägliche

Eindringlich: Warnung vor Streckensperrung

Führungen um 10, 12.30 und 15 Uhr. Hauly-Fahrten nach Bedarf, Voranmeldungen erwünscht.
Informationen:
VA-Erzberg Gesellschaft,
Erzberg 1, A - 8790 Eisenerz,
Telefon 00 43/38 48/45 31 47 0,
Fax: 00 43/38 48/45 31 58 0.

Bei der im Text genannten Paragliding-Schule fahren Besitzer und die meisten der angestellten Fluglehrer selbst Motorrad. Die Schule bietet Schnupper-Wochenenden für Interessierte mit ersten Flugversuchen am Übungshang. Wer sofort höher hinaus möchte, kann einen Tandemflug mitmachen.
Die beste Methode, um zu sehen, ob einem der Sport liegt oder nicht. Nach mindestens 25 Höhenflügen besteht die Möglichkeit jeweils vor Ort die theoretische und praktische Pilotenprüfung abzulegen und den Internationalen Flugschein zu erwerben.

Sky Club Austria
Walter Schrempf
Moosheim 113
A - 8962 Gröbming
Telefon: 00 43/36 85/22 33 3;
Fax: 00 43/36 85/23 61 0.

 **Adressen:**

Steirische Tourismus GmbH
Hauptstraße 243
A - 8042 Graz - St. Peter
Telefon: 00 43/316/40 30 330;
Fax: 00 43/316/40 30 13 10.
Kostenlose Informationen zu weiteren Übernachtungsmöglichkeiten, Veranstaltungen und Aktivitäten, wie Wildwasser-Rafting im Gesäuse und Paragliding.

ALM-TRÄUME

Neben gutausgebauten, kurvenreichen und meist
auch mautpflichtigen Bergstraßen führen in Kärnten kleine,
oft geschotterte Pfade zu hochgelegenen Almen,
inmitten grandioser Landschaften und himmlischer Ruhe.

Himmelfahrt: auf der Maltabergstraße unterwegs

WINDISCHER HÖHE (1110 METER)

Während wir bei der Anfahrt über Radstädter Tauern- und Katschbergpaß im Nieselregen noch gefroren haben, bereiten uns die Töchter des Gailtaler Hofes einen warmen Empfang. Der in Kötschach-Mauthen gelegene Gasthof begrüßt schon seit Jahren Motorradfahrer mit offenen Armen. Kein Wunder, beide Engl-Töchter fahren selbst und das oft auch mit ihren Gästen.

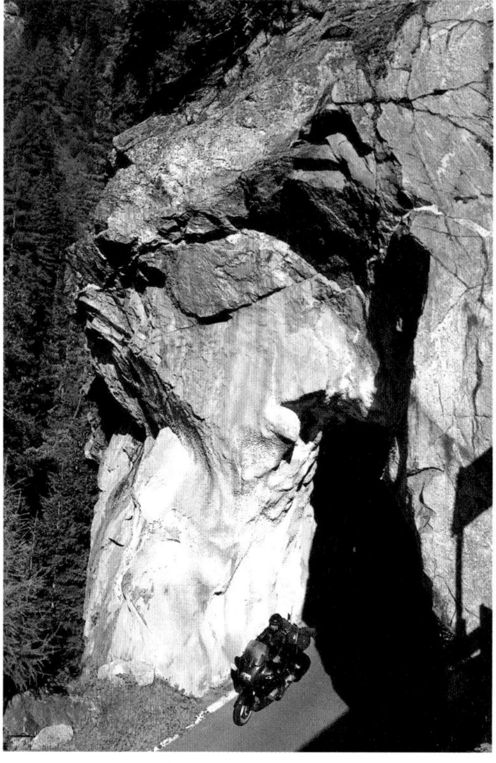

Spektakulär: Kehrentunnel der Malta-Hochalmstraße

Am Abend, als Vater Hans Engl am offenen Holzkohlengrill agiert, geben uns die Gailtalerinnen bei frischgezapftem Bier Tourentips.

Unsere Rundtour durch Kärnten hatten wir bereits vorher mit Leuchtstift in die Generalkarte eingezeichnet, da und dort variieren wir jetzt etwas, um einen möglichst abwechslungsreichen Trip zusammenzustellen.

Nach dem reichhaltigen Frühstücksbuffet verlassen wir Kötschach-Mauthen auf der »111«, Richtung Hermagor. Die viel zu gut ausgebaute Straße läßt noch keine rechte Freude aufkommen. Nach dem Abzweig zur Windischer Höhe wird das schlagartig anders.

So haben wir uns das vorgestellt. Eine kleine, manchmal etwas holprige Landstraße durch saftiggrüne Almlandschaft mit glücklichen Kühen, denen das Gras so gut zu schmecken scheint, daß sie es ständig wiederkäuen. Ein selbstgemaltes Schild an einer Almhütte läßt uns in die Eisen steigen: »Frische Buttermilch«. Wir trinken die dicke, materialhaltige Flüssigkeit und beobachten neugierige Ziegen, die sich an unseren Helmen zu schaffen machen.

Gute Empfehlung: Gasthof Almrausch

Wir folgen der Straße, nehmen dann die Abzweigung nach links, zum Weißensee. Eine gute Entscheidung. Die von urigen Holzhäusern gesäumte Straße wird noch enger und einsamer. Am Weißenbach entlang holt uns der Regen ein, aber am Horizont strahlt es bläulich-hell. Bevor ich mich noch entscheiden kann, ob ich die Regenkombi nun anziehe oder nicht, bin ich naß. Allerdings nicht lange. Am Millstädter See brennt die Sonne so heiß vom blauen Himmel, daß das Leder innerhalb von zehn Minuten dampfend trocknet. Nur in den Bergen scheinen jetzt noch ein paar Wolken zu hängen.

TSCHIERNOCK-STRAßE (1718 METER)

Trotzdem wollen wir einen Abstecher in die Höhe wagen. Die mautpflichtige Tschiernockstraße beginnt in Seeboden am Millstädter See – eine Himmelfahrt mit Eintrittsgeld. Auf der gesamten Fahrt nach oben begegnet uns kein anderes Fahrzeug. Vielleicht liegt es daran, daß schon wieder dichte Wolken aufgezogen sind, die keinen Blick in das Tal zulassen. Vorsichtshalber steige ich diesmal gleich in die Regenkombi. Die indirekte Beleuchtung und der

Ganz oben: Stausee am Endpunkt des Maltatals

leichte Regen passen zur waldigen Landschaft. Immer weiter kurven wir nach oben. Unten am See schien die Sonne mit sommerlicher Kraft, hier oben frösteln wir. Fliegenpilze leuchten in ihrem fast unwirklichen Rot aus dem Unterholz. So sehen die Feenwälder aus den Märchenbüchern aus.

Am Ende der Straße liegt die Sommeregger Alm. Der Regen ist dichter geworden und wir sind froh, daß im Innern des Hauses der Kachelofen vor sich hin bullert. Die Bedienung kann kaum glauben, daß es unten im Tal so heiß war, daß ich im T-Shirt am See entlanggetuckert bin. Ein echtes Kontrastprogramm. Die leckeren Kasnocken, mit Ricottakäse gefüllte Riesen-Teigtaschen, eine Kärntner Spezialität, versöhnen uns mit der Witterung. Bei gutem Wetter muß die Aussicht von der »Sonnen«-Terrasse einmalig sein. Zum Übernachten ist es noch etwas früh, obwohl der Gasthof einfache, dafür ruhige Zimmer vermietet. Beim Abschied schmust das Kalb, das aus einem Fenster im Stall lugt, mit dem Ärmel meines Regenkombis – keine Spur von Rinderwahnsinn.

Parallel zur gewaltigen Autobahn-Brückenkonstruktion rollen wir auf der Landstraße von Seeboden in das mittelalterliche

Städtchen Gmünd, das nicht nur sportwagenbegeisterte Motorradfahrer interessieren dürfte. Zwischen 1944 und 1950 tüftelte hier Ferdinand Porsche, hunderte von Kilometern jenseits von Stuttgart-Zuffenhausen. Hier entstand das erste Auto, das seinen Namen trug: der legendäre Porsche 356. Insgesamt verließen zwischen 1948 und 1950 vierundvierzig Coupés und acht Cabrios »Made in Austria« die Werkstätte in Gmünd.

Aus diesem Grund eröffnete der Gmünder Antiquitätenhändler Helmut Pfeifhofer im Jahre 1982 das erste und einzige private Porsche-Automuseum Europas. Der Stolz seiner Sammlung ist ein handgehämmerter 356er mit Alukarosserie aus der ersten Gmünder Serie, Fahrgestellnummer 20. Auch die nachgebaute Holzform von James Deans Porsche Spyder, sowie ein lebensgroßes Foto des legendären Schauspielers sind ausgestellt.

Für die Befahrung des nächsten alpinen Kärnten-Klassikers, ziehen wir jedoch unseren flotten Tourer vor. Wie viele mautpflichtige Bergstrecken in Österreich verdankt die 18 Kilometer lange Malta-Hochalmstraße durch das »Tal der stürzenden Wasser« ihre Entstehung dem Strombedarf. An ihrem Ende befindet sich ein gewaltiger Stausee, dessen Wasser kontrolliert durch Turbinen saust, um die freiwerdende Energie in Elektrizität umzuwandeln.

Kurz vor dem See verengt sich die Straße, um sich in acht Kehren und sechs unbeleuchteten Tunnels weiter nach oben zu schlängeln. Auf Gegenverkehr muß erfreulicherweise nicht geachtet werden. Der gefährliche Streckenabschnitt ist ampelgeregelt und zwischen 7 und 19 Uhr immer nur in einer Richtung befahrbar. Deshalb sollten sich Fotofreunde bei den Kehren-Aufnahmen beeilen, nicht, daß sie in den unbeleuchteten Tunnels eine Überrraschung erleben.

Das Hotel Malta neben dem Kölnbrein-Stausee erinnert an einen gigantischen Ölfilter und ist noch weniger attraktiv als ein

Fangfrisch: Gebirgsforellen kurz vor der Pfanne

Märchenhaft: auf der Tschiernockstraße zur Sommeregger Alm

MALTA-HOCH-ALM-STRAßE (1920 METER)

MALTABERG-STRAßE (2038 METER)

solcher. Das Interieur erinnert an die Interhotel-Zeiten der Ex-DDR – Sperrmüll-Ambiente vor einer grandiosen Bergkulisse.

Wir suchen schnell das Weite. Unten im Tal finden wir, was wir suchen: das Gasthaus Almrausch. Ohne Telefon, mit einfachen Zimmern, knarzenden Betten, rotkarierter Bettwäsche, hölzernen Wänden, sehr netten Wirtsleuten und fangfrischen Gebirgsforellen zum Abendessen.

Nach angenehmer Ruhe und einem üppigen Frühstück mit Käse und selbstgeräuchertem Schinken starten wir in den Morgennebel, den die Sonne schon angestrengt versucht aufzulösen. Die Generalkarte zeigt ein kleines grüngerändertes Kurvengeschlängel, das von der Malta-Hochalm-Straße zu den Maltaberger Almhütten abzweigt. Kaum autobreit steigen wir nach oben, stoßen durch den Nebel und genießen in fast 2000 Metern Höhe das gewaltige Panorama aus der Vogelperspektive.

Eine gute Einstimmung auf die nächste Bergstraße, wohl eine der landschaftlich schönsten Kärntens, deshalb vor allem an Wochenenden und Feiertagen auch stark frequentiert: die Nockalmstraße, die in Innerkrems ihren Ausgang nimmt.

Das Nockgebiet ist für seine charakteristischen, grün bewach-

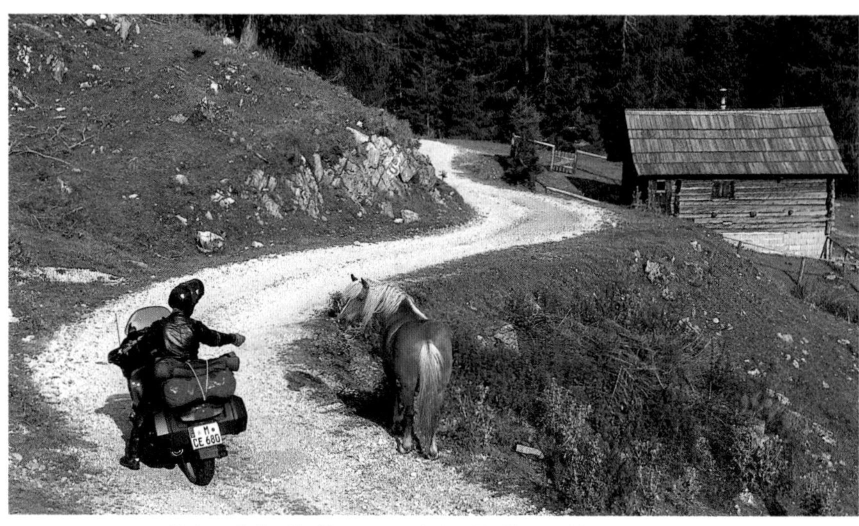

Zutraulich: Haflinger auf der Dolinca Alm

senen Rundhöcker berühmt. Diese »Nockn« entstanden während der letzten Eiszeit, als der mächtige Murgletscher seine Zunge bis hierher nach Süden ausstreckte und mit kräftiger Abtragungsarbeit die hohen Gipfel zwischen Liesertal und Gurktal in eine sanftgewellte Mittelgebirgslandschaft, die an Kanada oder den kalifornischen Yosemite Nationalpark erinnert, verwandelte.

Eine geologische Rarität in den Alpen, die fast das gleiche Schicksal ereilt hätte, wie viele andere Gegenden in den Bergen. Ende der 70er Jahre sollten die bis dahin unerschlossenen, westlichen Gurktaler Alpen in einen gigantischen Ski-Zirkus verwandelt werden, mit allem, was dazugehört: Seilbahnen, Pisten und Bettenburgen. Doch der Widerstand der Kärntner Bevölkerung war überraschend heftig. Eine 1980 durchgeführte Volksbefragung rettete das Land endgültig. Über 94 Prozent der Bevölkerung wollten das Gebiet unter Naturschutz gestellt haben.

Knapp 34 Kilometer lang schlängelt sich die mautpflichtige Nockalmstraße in unzähligen Kurven durch den Nationalpark Nockberge. Sie überwindet dabei gleich zwei Päße. Erst geht es über die Eisentalhöhe, dann

Stromlos: Übernachtung auf der Dolinca Alm

über die Schiestlscharte. Von der dortigen Souvenirbude sind es nur ein paar Meter bergauf, zur Wunschglocke. Mit einem bereitgelegten Stock wird die Glocke angestoßen, dabei gedachte, allerdings ausschließlich fromme Wünsche sollen dann in Erfüllung gehen.

Zwischen den Bergübergängen entdecken wir einen kleinen Leckerbissen für Schotterfreunde. In der Talsohle zweigt ein ungeteertes Sträßchen zum Gasthaus Steiger ab, das sich ohne Fahrbeschränkung entlang des Leobenbaches bis zum gleichnamigen Ort fortsetzt. Von Leoben aus in Gegenrichtung steht allerdings ein Verbotsschild. Wahrscheinlich damit keiner auf die Idee kommt sich nach dem Motto »Maut ist out« zur Nockalmstraße zu schleichen. Die Fahr-

NOCKALM-HÖHENSTRAẞE (2042 METER)

zeuge, die uns auf der Piste begegnen, haben alle einheimische Kennzeichen und vier angetriebene Räder.

Neben geomorphologischen Besonderheiten bietet das Nockgebiet auch kulturhistorisch Interessantes. Bei Karlbad, dem altertümlichsten Heilbad Europas, wird das Quellwasser seit dem letzten Jahrhundert in alte Lärchenholztröge geleitet. In der Zwischenzeit erhitzt ein loderndes Holzfeuer Steine aus dem Flußbett, die dann unter lautem Zischen in das Wasser gegeben werden, dieses auf etwa 40 Grad Celsius aufheizen und dabei enthaltene Mineralien abgeben. Die Kurgäste steigen in die aus Holz gehauenen Tröge, die bis auf eine kleine Kopföffnung mit einem Brett abgedeckt werden, damit der Heildampf nicht entweichen kann. Als wir einchecken wollen, um unsere müden Glieder regenerieren zu lassen, erfahren wir, daß das Gasthaus neben dem Heilbad schon für Monate im Voraus ausgebucht ist.

Dafür befahren wir die Nockalmstraße noch einmal in Gegenrichtung, landen wieder am Ausgangspunkt in Innerkrems

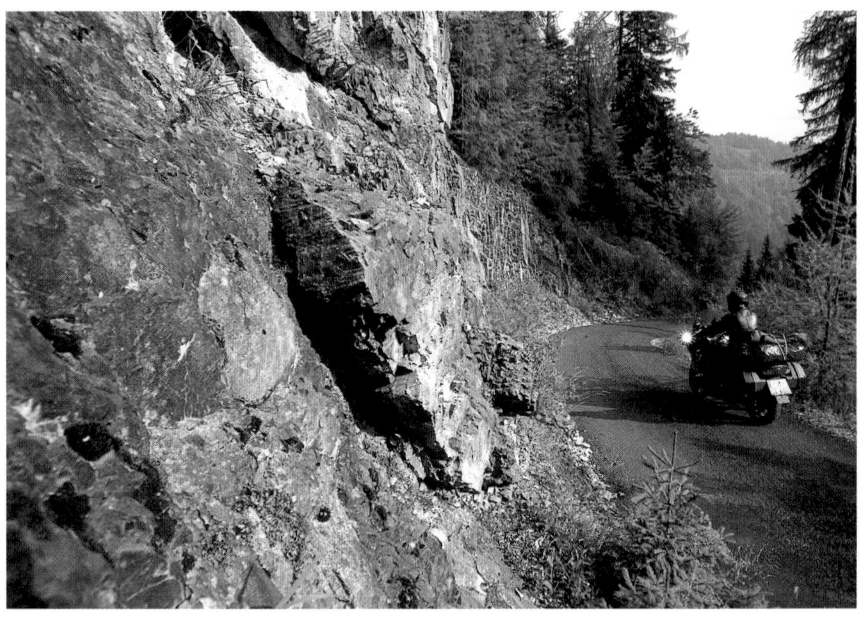

Steile Anfahrt: 25%ige Steigung zur Dolinca Alm

und gelangen zu dem übereinstimmenden Ergebnis, daß die Bergstrecke jeden Schilling des Eintrittsgeldes wert ist.

Nach so viel Superstrecken sind wir überrascht, daß es auf dem folgenden Straßenstück am Feldbach entlang genauso weitergeht. Mit deutlich weniger Verkehr. Grüne Almenlandschaft aus der vereinzelt schroffe Berge ragen. Wir überqueren die Bundeslandsgrenze zur Steiermark.

Erst auf der Schnellstraße »95« wird es wieder hektisch. In Steindorf wählen wir die Abzweigung nach rechts, auf die kleine Straße entlang des Paalbaches zurück nach Kärnten. Zwischen Weitensfeld und Steuerberg locken immer wieder Schottersträßchen, die aber leider nichts für große Tourer sind. Uns reicht schon die fast völlig verwahrloste Hauptverbindungsstrecke nach Steuerberg – und die ist geteert, aber nur noch zum Teil. Gewaltige Straßenbaumaschinen deuten auf eine baldige Besserung hin.

Von Feldkirchen nach Bodensdorf ist es nur ein Katzensprung. Am Ossiacher See, wo die mautpflichtige Gerlitzen-Alpenstraße ihren Ausgang nimmt, hat die Sonne wieder mal die Oberhand gewonnen. Die Fahrbahn ist in einem katastrophalen

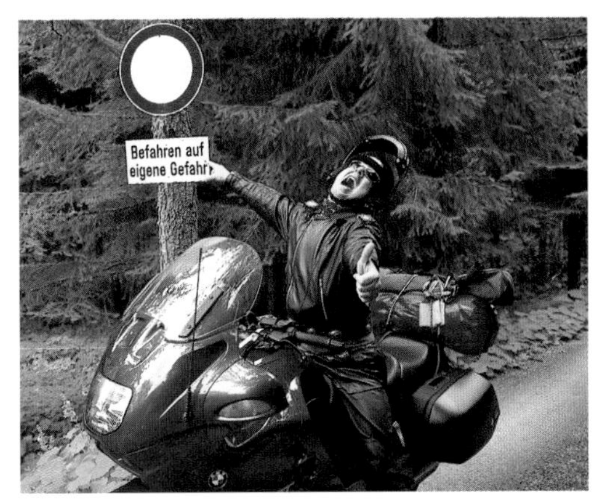

Steigern den Reiz: Befahrungen auf eigene Gefahr

Zustand, eine geteerte Waschbrettpiste. Dafür trägt jede Kehre ihr eigenes Namenschildchen.

Am Scheitelpunkt der Strecke, vor dem Hotel Berger, erleben wir eine Überraschung. Die Straße hört auf, obwohl sie laut Karte auf der anderen Seite wieder hinuntergehen müßte.

GERLITZEN-ALPENSTRAßE (1764 METER)

Der Hotelportier klärt auf. Hundert Meter Höhenunterschied liegen zwischen den Endpunkten der beiden Bergstraßen. Nur Enduristen mit leichtem Gerät könnten die steile Verbindungspiste bewältigen, sagt er. Nichts für großtourige Biker. Wer zur anderen Seite möchte, muß außen herumfahren und auf der Nordseite wieder hoch. Dort heißt die Straße Gerlitzen-Gipfelstraße, ist ebenfalls eng und holprig und kostet auch Geld. Der Kassierer im Mauthäuschen am Fuße der Gerlitzen-Alpenstraße lacht herzlich, als wir wieder zurückkommen: »Ihr seid's net die ersten, die denka, man kann oben drüber fahrn.« Netter Mensch.

Auf der anderen Seite des Sees beobachten wir dann andere beim Höhenflug. Die Adlerwarte auf der Burgruine Landskron veranstaltet täglich Flugvorführungen ihrer Greifvögel. Ein beeindruckendes Schauspiel. Der Falkner steht mit dickem Lederhandschuh auf einem kleinen Türmchen und erklärt dem Publikum über ein Kopfmikrofon den Ablauf der Show. Alle Vögel stammen aus Nachzuchten, keiner wurde in freier Wildbahn gefangen. Sobald sie fliegen, entscheiden sie selbst, ob sie zum Falkner zurückkehren oder nicht. Gänsegeier und Weißkopfseeadler sind oft wochenlang in den Alpen unterwegs, bis sie zur Burg zurückfliegen.

VILLACHER ALPENSTRAßE (1732 METER)

Der in freier Wildbahn ausgerottete Gänsegeier wird in abgelegenen Alpengebieten derzeit mit Erfolg wieder angesiedelt. Bei der Vorführung kreist er mit seinen 2,60 Meter Spannweite direkt über den Zuschauern. Am Gerlitzen gestartete Gleitschirmflieger versuchen es ihren gefiederten Vorbildern gleich zu tun und in der aufsteigenden heißen Luft nach oben zu kreisen.

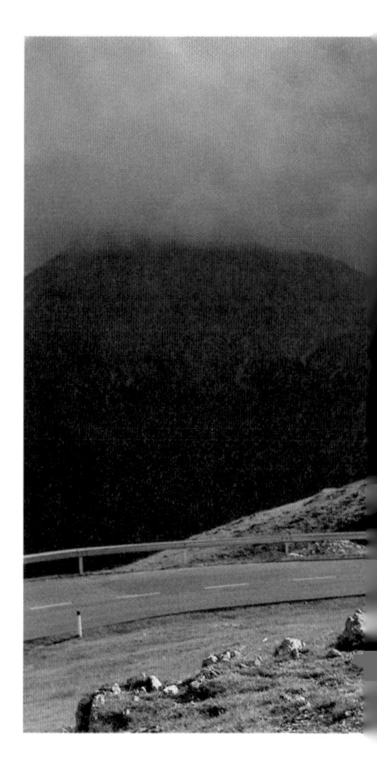

In Villach müßen wir wieder zahlen. Die perfekt ausgebaute Villacher Alpenstraße begeistert trotz Geschwindigkeitsbeschränkung. Sie endet am Parkplatz Nummer 11. Auf der Terrasse des Roßtrattenstüberls genießen wir neben der Aussicht auf Julische und Karnische Alpen auch den servierten Kaiserschmarrn

Nock, nock, nock'in on heaven's door: auf der Nockalmstraße

mit Apfelkompott. Der 600 Autos fassende Parkplatz ist fast voll, weshalb wir nach dem Essen schnell den Rückzug antreten.

Wie der Name vermuten läßt, stoßen wir auf der Strecke nach Bad Bleiburg immer wieder auf geschlossene Bergwerke, die einst bleihaltiges Gestein gefördert haben. Eines ist unter dem Namen Terra Mystica wieder auferstanden und bietet Besuchern den üblichen Bergwerkstourismus, von der Bergmannsrutsche (mit 68 Metern die längste Europas) bis zur Grubenbahnfahrt (der einzigen in Kärnten).

Für den Ausklang unserer Rundreise suchen wir einen einsameren Höhepunkt. Im Grenzbereich werden wir schließlich fündig. Im Unteren Gailtal zweigen laut Karte kleine Schotterpisten nach Süden in die Berge ab. An ihren Endpunkten, ein paar Schritte von der italienischen

Grenze entfernt, sind vereinzelt Almhütten eingezeichnet.

In engen Kehren steigen wir, diesmal überraschenderweise mautfrei, nach oben zur Egger Alm. Wie erhofft, hält sich der Verkehr in Grenzen. Überall warnen Schilder vor freilaufenden Kühen, die sich immer mal wieder gerne an Autos schmiegen und für die keinerlei Haftung übernommen wird. Nachdem wir die Dellacher Alm passiert haben, ist dann fast nichts mehr los. Der Weg beginnt sich aufzulösen. Tief ausgewaschen, geht es immer steiler nach oben, was mit dem wohlbeleibten Tourer in Arbeit ausartet. Leichter Nieselregen setzt ein. Ab und zu dreht das Hinterrad beim Beschleunigen in den engen Kehren durch. Die Poludniger Alm erinnert mit ihren verwitterten Holzhäusern und rauhen Menschen an einen dieser melodramatischen Alpin-Thriller.

EGGER ALM (1416 METER)

DELLACHER ALM (1365 METER)

POLUDNIGER ALM (1724 METER)

DOLINCA ALM (1460 METER)

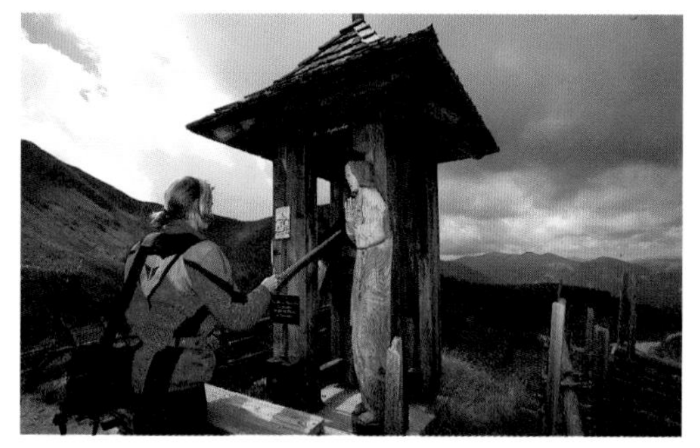

Wünsch dir was: Glocke an der Schiestlscharte

Ein Wanderer, der gerade aus östlicher Richtung kommt, fragt uns ob wir auch schon auf der anderen Alm gegenüber waren. Dort wäre es angeblich noch schöner als hier. Außerdem gäbe es einen urigen Gasthof, wo man auch übernachten könnte. Was er als gegenüber bezeichnet, liegt Luftlinie ein paar Kilometer entfernt. Für uns bedeutet das noch einmal fast zwei Stunden Fahrt. Zurück ins Tal und über Görtschach nach Vorderberg. Am Fuß des Berges weist ein Schild nach rechts, zur Dolinca Alm. Da müssen wir hin. Steil geht es bergan. In der Ferne hören wir Donnerschläge, es dämmert bereits. Immer wieder zickzacken Blitze aus den Wolken. Wir setzen unsere Himmelfahrt fort. Dann die nächste Kreuzung. Geradeaus ist die Straße wegen eines Erdrutsches gesperrt, links geht es auf einer Piste weiter. Ein Schild warnt: »Befahren auf eigene Gefahr«. Wunderbar, ein echtes Himmelfahrts-Kommando. Erst geht es bergab, dann über einen Fluß. Schließlich kämpfen wir uns in atemberaubenden 25-Prozent-Steigungen, die glücklicherweise wieder asphaltiert sind, im ersten Gang an einer Felswand nach oben.

Ungewöhnlich: Rundhöckerlandschaft im Nockgebiet

Am Alpengasthof Starhand mustert uns die Besitzerin äußerst mißtrauisch. Wo kommt's ihr her? Wo wollts hie? A Zimmer wollts? Zu wieviel seids ihr?

Wir erklären ihr, daß wir harmlos sind, wirklich nur zu zweit auf dem Motorrad hochgefahren sind und morgen wieder runter wollen. Schließlich drückt sie uns ein paar Handtücher in die Hand und gibt uns ein Zimmer mit vier Betten. »Heut kommt eh' niemand mehr, da könnt's zu zweit schlof'n«. Auf dem Nachtkästchen liegen Kerzen, die wir gleich anzünden, da es mittlerweile recht dunkel geworden ist.

Nach einer zünftigen Brettl-Jause mit Bier, Schwarzbrot, Käse, Wurst und Speck hören wir die mittlerweile recht freundliche Wirtin rufen: »Auf die Jaus'n, da passt a Obstler.« Wir gehorchen sofort und kippen die beiden Gläschen ab.

Später liegen wir bei Kerzenlicht auf unseren strohgefüllten Matratzen in den rustikalen Holzbetten. Das Donnergrollen ist jetzt ganz nahe. Wir fühlen uns geborgen. Bergbauern-Romantik pur, ein echter Alm-Traum.

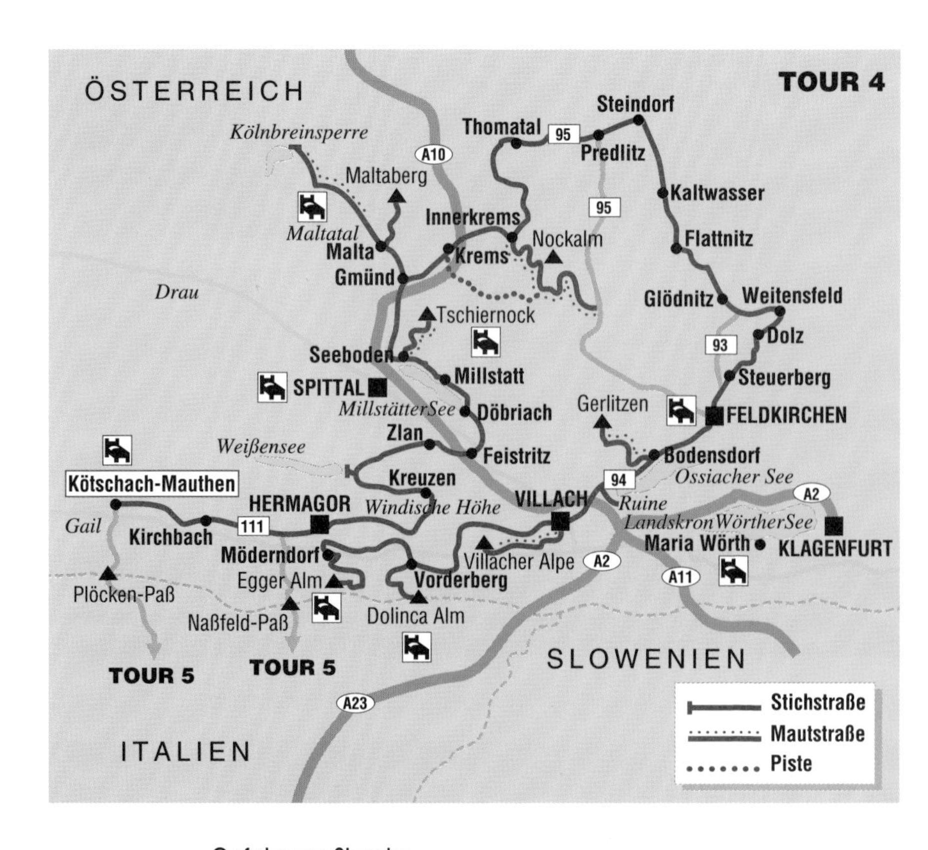

Gefahrene Strecke
(einschließlich Abstecher):
etwa 650 Kilometer

Karte:

Die Generalkarte »Österreich«,
1 : 200 000,
Blatt 6, 8,80 Mark.

Route:

Kötschach-Mauthen – »111« – Dellach – Kirchbach – HERMAGOR – St. Stefan an der Gail – Windischer Höhe (1110 Meter) – Kreuzen – Weißensee – Zlan – Feistritz an der Drau – Döbriach – Millstatt – Obermillstatt – Seeboden – Treffling

– Abstecher: Tschiernockstraße (1718 Meter) (Maut) – Sommeregger-Alm – Gmünd – Porschemuseum – Malta – Abstecher: Malta-Hochalm-Straße (1920 Meter)(Maut) – Stausee – Maltabergstraße (2038 Meter) – Gmünd – »99« – Krems – Kremsbrücke – Innerkrems – Nockalm-Höhenstraße (2042 Meter) (Maut) – Innerkrems – Thomatal – »95« – Ramingstein – Predlitz – Steindorf – Kaltwasser – Flattnitz – Glödnitz – Weitensfeld – Dolz – Wimitz – Steuerberg – Neuwirth – »93« – Poitschach – FELDKIRCHEN – »94« – Steindorf – Ossiacher See – Bodensdorf – Tschöran – Abstecher: Gerlitzen-Alpenstraße (1764 Meter)(Maut) – Bodensdorf – »94« – Annenheim – Ruine Landskron – Adlerwarte – VILLACH – Warmbad – Abstecher: Villacher Alpenstraße (1732 Meter) – VILLACH – Fellach – Bad Bleiberg – Nötsch im Gailtal – Görtschach – HERMAGOR – Möderndorf – Abstecher: Egger Alm (1416 Meter) – Dellacher Alm (1365 Meter) – Poludniger Alm (1724 Meter) – Möderndorf – Egg – Görtschach – St. Stefan – Vorderberg – Dolinca Alm (1460 Meter).

Weiterfahrt:
Um von Kärnten ins benachbarte, italienische Friaul (Tour 5) zu gelangen, bieten sich zwei Übergänge an: der Plöckenpaß (1362 Meter), südlich von Kötschach-Mauthen und der Naßfeld-Paß/Passo di Pramollo (1530 Meter), südlich von Hermagor.

 **Übernachten:**

- Gasthof Almrausch
Brandstraße 27
A - 9854 Malta
Kein Telefon.
Idyllischer, absolut ruhig an der mautpflichtigen Malta-Hochalm-Straße in 1600 Meter

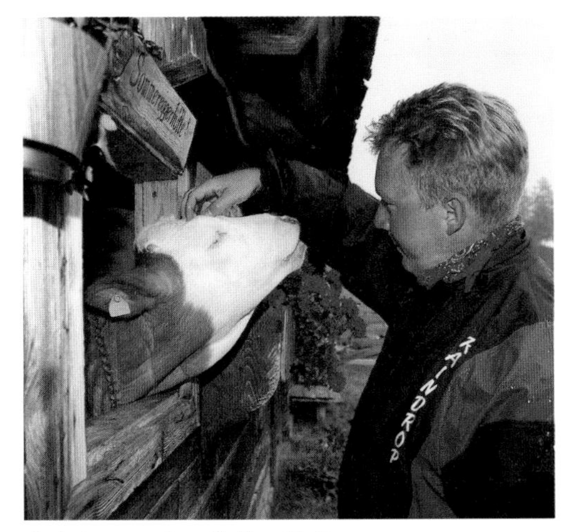

Anlehnungsbedürftig: Kalb auf der Sommeregger Alm

Höhe gelegener Gasthof. Rustikale Zimmer, Etagendusche, Restaurant (Spezialitäten: frische Gebirgsforellen und Kärntner Brettljause). Gutes Frühstück.

• Gmundner Hütte
Malta-Hochalm-Straße
A - 9854 Maltatal
Kein Telefon.
In 1200 Meter Höhe an der mautpflichtigen Malta-Hochalm-Straße gelegener Gasthof. Zimmer mit fließend Wasser. Duschen sind Gästen vorbehalten, die länger bleiben. Spezialpreise für Motorradfahrer, mit Zimmer, Abendessen und Frühstück.

Lecker:
Kärntner Kasnocken

• Alpengasthof Sommeregger
Treffling 22
A - 9871 Seeboden
Telefon: 00 43/47 62/81 238;
Handy: 00 43/663/04 18 34.
Am Ende der mautpflichtigen Tschiernockstraße in 1720 Meter Höhe gelegener Almgasthof. Absolut ruhig, bis auf das Muhen glücklicher Kühe, Meckern der Ziegen und Gackern der Hühner. Sonnenterrasse mit tollem Blick ins Tal. Etagendusche.

• Alpengasthof Starhand
Dolinca Alm
Kein Telefon, kein Strom.
Von Vorderberg aus erreicht man die 1460 Meter hoch gelegene Alm auf einer winzigen Strecke mit 25%igen Steigungen, am Ende Schotter, danach Romantik pur. Eine der idyllischsten Übernachtungsmöglichkeiten in diesem Buch. Kerzen statt Glühbirnen, ein Waschbecken mit kaltem Wasser, statt heißer Duschen, herzhafte Vesper statt Gourmet-Menu. Zwei Vierbettzimmer und ein Matratzenlager für Schlafsackbesitzer.

• Gasthaus zur Alten Käserei
Egger Alm bei Hermagor
Telefon: 00 43/42 84/287;
Handy: 00 43/663/04 18 38.

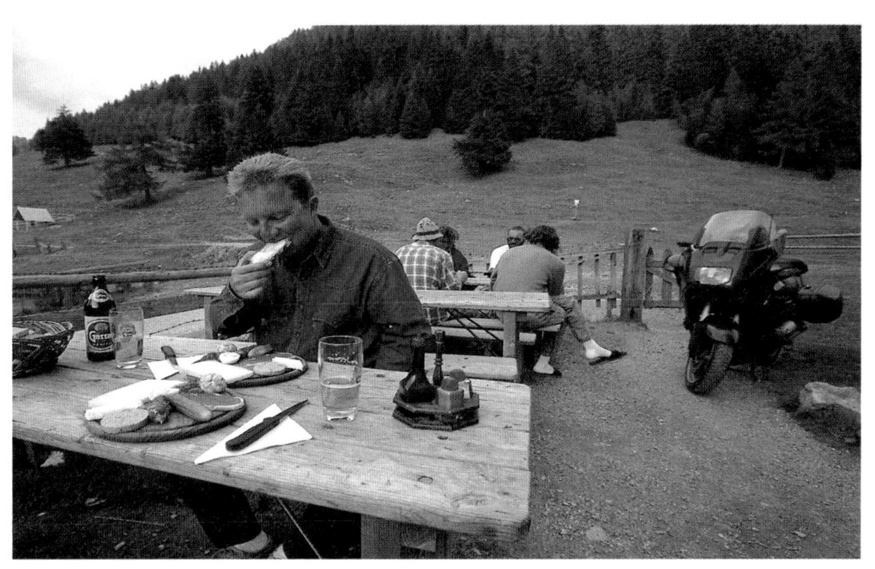

Alpines Fastfood: Brettljause auf der Alm

Schöner Almgasthof, eigene Käserei, gute Küche. Krapfen probieren.

• Frühstückspension Weiß
Edlinger Straße 1 a
A - 9800 Spittal/Drau
Telefon: 00 43/47 62/23 41.
Im Ort an der Liserbrücke gelegen.

•• Ferienhotel Nudelbacher
Bösenlacken 8
A - 9560 Feldkirchen
Telefon: 00 43/42 76/32 75;
Fax: 00 43/42 76/32 75 66.
Freundliches Familienhotel, Tourenvorschläge. Schwimmbad, Sauna.

•• Motorrad-Pension
Gailtaler Hof
A - 9641 Kötschach-Mauthen
Telefon: 00 43/47 15/3 18;
Fax: 00 43/47 15/87 87.
Direkt an der Durchgangsstraße zum Plöckenpaß gelegenes Haus, das der Motorradhotelkette »Moho« angehört.
Jeden Tag gibt es einen Tourenvorschlag und wöchentlich eine geführte Tour mit den netten, motorradfahrenden Töchtern des Hauses.
Swimming Pool, Motorradunterstellplatz, Biergarten, Zimmer mit Dusche/Bad/WC.

●● Gasthof Lamprechthof
A - 9641 Kötschach-Mauthen
Telefon: 00 43/47 15/26 5;
Fax: 00 43/47 15/26 54.
An der Durchgangsstraße zum Plöckenpaß gelegenes Haus.
Günstige Gruppenpauschale. Wirt fährt selbst Motorrad. Garage, Werkstatt, Trockenraum, Tourenvorschläge.

●●● Hotel Astoria
A - 9082 Maria Wörth/ Wörthersee
Telefon: 00 43/42 73/22 79;
Fax: 00 43/42 73/22 79 80.
Chef des Hauses fährt selbst. Hallenbad, Sauna, Privatbadestrand, gute Küche.

 Sehenswert:

Adler Flugschau
Burg Landskron
A - 9523 Landskron
Telefon: 00 43/42 42/4 28 88;
Fax: 00 43/4242/4 38 10.
Faszinierende Vorführungen freifliegender Adler, Geier, Falken, Raben und Eulen, vor der beeindruckenden Kulisse der Burgruine, mit

Rasant: Porsche-Museum in Gmünd

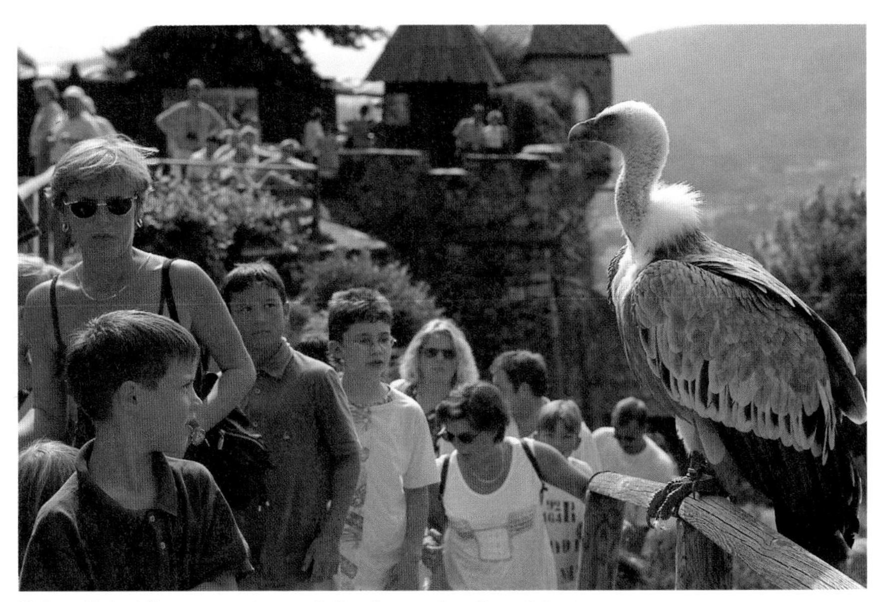

Zutraulich: Lämmergeier auf der Burgruine Landskron

sehr interessanter Moderation des mit Kopf-Mikrofon ausgestatteten Falkners.

Porsche-Automuseum
Helmut Pfeifhofer
A - 9853 Gmünd
Telefon: 00 43/47 32/24 71
oder 29 71;
Fax: 00 43/47 32/24 54.
Ganzjährig täglich geöffnet. Stilvoll in den ehemaligen Stallungen eines alten Kärntner Bauernhofes untergebracht. Jährliche Sonderausstellungen mit Exponaten aus dem Stuttgarter Porsche-Museum.

Terra Mystica
Antonischacht
A - 9531 Bleiberg-Nötsch 91
Telefon: 00 43/42 44/22 55 0;
Fax: 00 43/42 44/24 34.
Schaubergwerk mit zahlreichen Attraktionen, wie Grubenfahrt, Bergmannsrutsche und Bergwerkswandern.

Adressen:

Kärntner Tourismusgesellschaft
Casinoplatz 1
A - 9220 Velden
Telefon: 00 43/42 74/52 100;
Fax: 00 43/42 74/52 10 05 0

JUBEL OHNE TRUBEL

Selbst zur Hochsaison läßt es sich auf den winzigen Straßen der Karnischen Alpen, im Norden der italienischen Provinz Friaul, vortrefflich Motorrad-Wandern. Sowohl Straßen- als auch Endurofahrer kommen dabei voll auf ihre Kosten.

Aussichtsreiche Runde: über die Panoramica delle Vette

FRIAUL

NAßFELDPAß/ PASSO DI PRAMOLLO (1530 METER)

Ein paar Kilometer vor dem Grenzübergang nach Friaul, der auf der Naßfeldpaßhöhe liegt, unterbricht ein Schild unseren Vorwärtsdrang. Unter dem Namen des Paßes steht auf rotem Grund »Geschlossen«. Während wir noch zögern, beginnt die unter Motorradfahrern übliche »Buschtrommel«-Kommunikation. Ein Pärchen auf zwei BMW-Maschinen kommt uns entgegen, erzählt von einem Erdrutsch in einer Kehre auf der italienischen Seite und, daß es für Motorräder überhaupt kein Problem sei da durchzukommen.

Super, also los. Der italienische Zöllner am geöffneten Schlagbaum schreit zwar noch irgendetwas von »Chiuso«, wir winken unserem EG-Mitbürger ohne abzubremsen freundlich zu.

Der Naßfeldpaß, der auf italienischer Seite Passo di Pramollo heißt, ist ein landschaftlich reizvoller Einstieg nach Friaul. Auf einer Streckenlänge von nur 13 Kilometern überwindet er einen Höhenunterschied von über 1000 Metern. Eine Rarität in den Alpen ist eine seiner Kehren, die mit erstaunlichem Gefälle in den Fels gesprengt worden ist.

Grenzpaß: der Plöcken, zwischen Friaul und Kärnten

Kurz nachdem wir sie passiert haben, treffen wir auf den Erdrutsch, den Grund für die zeitweise Sperrung des Passes. Tatsächlich kein Problem für Motorräder – und anscheinend auch keines für Autos mit italienischen Kennzeichen, die uns trotz des Verbotes entgegenkommen.

Diese Verhalten ist übrigens typisch für den italienischen Teil des Alpengebietes. Es gibt abgestufte Verbote. Ein einfaches rotgerändertes, rundes Schild mit weißer Fläche in der Mitte, das bei uns ein absolutes Fahrverbot anzeigt, bedeutet in Italien lediglich eine Haftungsausschlußerklärung, also »Weiterfahrt auf eigene Gefahr«. Schwierigkeiten mit den Carabinieri können allerdings jene bekommen, die eines der neueren Fahrverbotsschilder mißachten, bei denen unter dem runden Blech der Paragrah des Gesetzes aufgelistet ist, der das Fahrverbot bedingt. Wie gesagt, es kann Schwierigkeiten geben, muß aber nicht.

In Pontebba suchen wir unsere kleine Abzweigung nach Westen. Im ersten Alpenband beschreiben wir in der Dolomitentour die spektakuläre Variante über den 1552 Meter hohen Passo del Cason di Lanza, der direkt nach Paularo führt. Diesmal

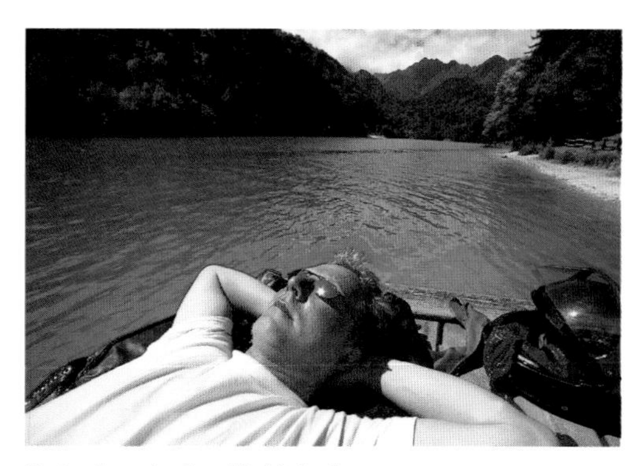

Einladend: das türkisfarbene Wasser des Lago di Barcis

wählen wir die südliche Alternative über die Sella di Cereschiatris. Bis Moggio begegnen wir auf dem Sträßchen, trotz Ferragosto, der italienischen Hauptferienzeit, keinem anderen Fahrzeug. Die karnischen Alpen Friauls gehören zu den einsameren Gebieten der Alpen.

Zwischen Moggio und Tolmezzo spüren wir dann, was auf den Hauptverkehrsstrecken los ist: die Hölle. Erst nördlich von Tolmezzo, in Cedarchis, als wir nach Osten Richtung Paularo abbiegen, finden wir wieder Ruhe. Eng und kurvenreich folgen wir dem Straßenverlauf, passieren Paularo. Kurz vor Ligosullo, an der ersten Bar, geht es scharf rechts hoch. Nur in entgegengesetzter Richtung steht ein Hinweisschild zum Castel Valdaier, das wir nach vier holprigen, kur-

Reizvoller Schotterabstecher: die Piste über den Monte Zoncolan

MONTE PAULARO (1949 METER)

FORCELLA DI LIUS (1113 METER)

vigen Kilometern erreichen. Eine einfache Unterkunft, dafür gutes Essen und, was vor allem Endurofreaks reizen wird, ein idealer Ausgangspunkt für einen Trip zum Monte Paularo, ohne belastendes Gepäck.

Einfach an der Kreuzung hinter dem Castel links halten, dort, wo das Schild »300 m Rifugio« steht. Zunächst ist die bergauf führende Fahrbahn noch geteert, kurz darauf geht sie in noch relativ einfach zu fahrenden Schotter über. Dann wird es schnell übler. Erdrutsche lassen einen beim Passieren dem tiefen Abgrund recht nahe kommen. Dafür ist die Aussicht ins Tal einfach fantastisch. Der Weg, eine ehemalige Militärpiste, hat zwar einen festen Unterbau, aber die vielen spitzen Steine, die aus dem Erdboden ragen, erzwingen, um die Reifenflanken nicht zu zerstören, eine vorsichtige Fahrweise. Diese Strecke gehört ganz eindeutig in die Abenteuer-Kategorie. Am Endpunkt, einem großen Parkplatz, der ursprünglich für schwere Kriegsfahrzeuge angelegt worden ist, sind dann immerhin 1949 Meter Höhe erreicht.

Über die Forcella di Lius fahren wir auf einem Asphaltbänd-

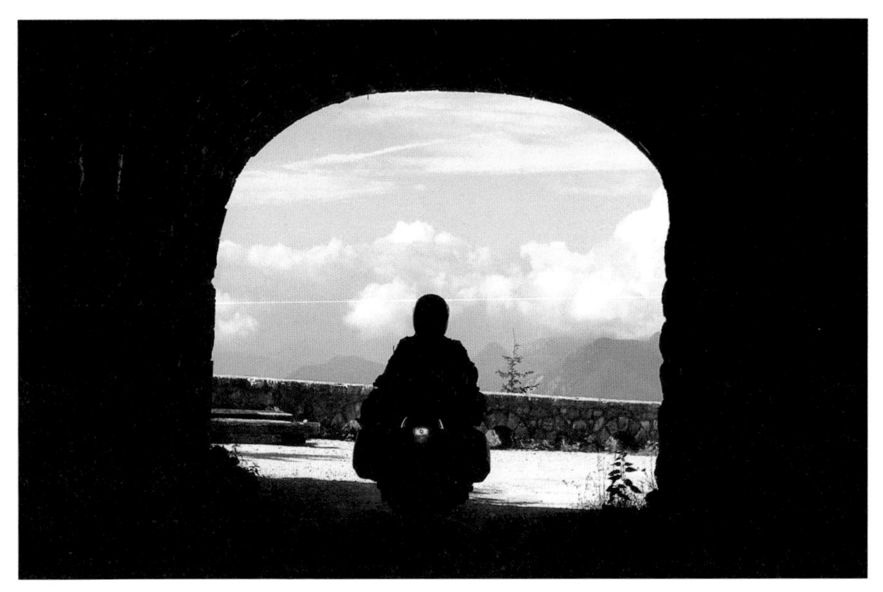

Abenteuerlich: Die Zoncolan-Tunnels sind unbeleuchtet

chen nach Paluzza weiter. Von hier gibt es gleich drei Möglichkeiten weiter nach Westen zu fahren. Zwei davon sind absolute Motorrad-Traumstrecken.

Variante 1 führt von Sutrio über den im Ort gut ausgeschilderten Monte Zoncolan nach Liariis und Ovaro. Variante 2 über die atemberaubende Panoramica delle Vette, von Ravascletto nach Tualis und Variante 3 schön, aber relativ unspektakulär von Paluzza auf der »465« nach Comeglians. Wer für diese Strecken nur die »Generalkarte Österreich Blatt 6« im Tankrucksack stecken hat, wird Schwierigkeiten haben, die beiden erstgenannten Bergstraßen überhaupt zu finden. Die Karte »Friaul-Venetien« liefert dagegen bei gleichem Maßstab ein hervorragendes Kartenbild, das die Straßenverläufe deutlich macht.

MONTE ZONCOLAN (1730 METER)

Wir haben im folgenden alle drei Strecken zu einer Rundtour zusammengefügt. Die Auffahrt zum Monte Zoncolan von Sutrio ist, wie bereits erwähnt, gut ausgeschildert und leicht zu finden. Breit ausgebaut führt die hervorragend geteerte Straße bis zur Seilbahnstation. Ab da ist Schluß mit breit. Schmal und holprig

M
CE 680

Alternative zum schnurgeraden Tunnel: kurvenreiche Cellinaschlucht

Vorsicht Steinschlag: Paß über den Monte Rest

PANORAMICA DELLE VETTE – ALP CHIADINIS (1967 METER)

schlängelt sich ein löchriges Asphaltbändchen nach oben zur Paßhöhe, in 1730 Meter Höhe. Die Aussicht ist wieder einmal fantastisch. Der serpentinenreiche Verlauf der nächsten Traumstraße »Panoramica delle Vette« ist am gegenüberliegenden Berg gut zu erkennen. Aber dazu kommen wir später.

Mit dem Abstieg beginnt das eigentliche Abenteuer der Zoncolan-Strecke. Die steil abfallende Straße hat nur noch Fiat 500-Breite und führt durch drei in den Fels gesprengte, selbstverständlich unbeleuchtete Tunnels, von denen der längste immerhin 120 Meter lang ist.

Um das nächste Highlight in

eine Rundtour miteinzubeziehen empfiehlt es sich von Ovaro nach Norden, Richtung Comeglians zu fahren. Im Ort zweigt die Straße »Strada Turistica de Tualis« rechts ab und führt sofort durch eine Unterführung. In Tualis selbst weist ein altes, verrostetes Schild zur Panoramica delle Vette. Kurz bevor es auf die schmale Bergtrecke geht, stehen zwei Verbotsschilder, die allerdings nur bedeuten, daß die Befahrung der Strecke auf eigene Gefahr erfolgt. In unzähligen Kehren geht es durch dichten, farnigen Märchenwald immer weiter nach oben. Wir passieren die Baumgrenze, dann geht es nicht mehr weiter hinauf. Die fast 2000 Meter hoch gelegene, teilweise ungeteerte Kammstraße führt auf einem Niveau um die Bergflanken herum. Wie in einem gigantischen Amphittheater breiten sich dic gcsamten Dolomiten vor uns aus. Da es über Nacht geregnet hat, wirkt alles fast unwirklich klar und transparent. Wir haben das Gefühl unendlich weit schauen zu können. Bis auf das Plätschern einiger Bäche und das Blöken der Schafe, die hier oben die

Freundliche Begegnung: Almbauer

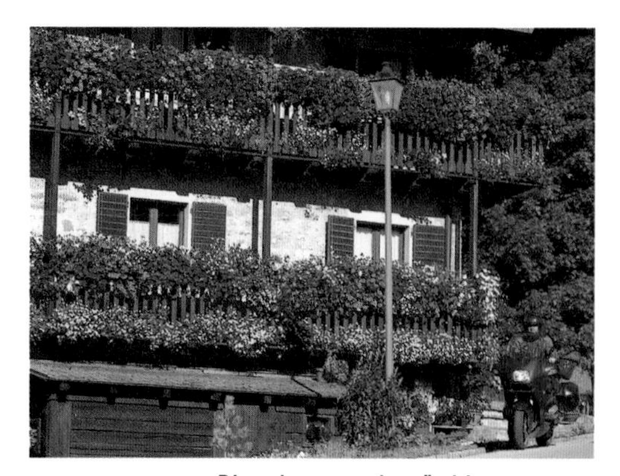

Blumig: geschmücktes Haus in Sauris

Almwiesen mähen, ist es ruhig.

Die Strecke soll irgendwann komplett ausgebaut und besser beschildert werden. Dann dürfte sie viel von ihrem ursprünglichen Reiz einbüßen. Also, schnell hinfahren und genießen.

Von Ravascletto bekommen wir anschließend noch 36 Kilometer von Variante 3 auf der »465« bis Comeglians mit.

Friaul ist jedoch nicht nur für seine spektakulären Bergstraßen berühmt, sondern auch für seinen ausgezeichneten, süßlich schmeckenden, luftgetrockneten Schinken. Viele Biker aus dem benachbarten, österreichischen Kärnten verbinden deshalb ihre Motorrad-Tagestouren mit einem Abstecher in die friaulische Prosciutto-Metropole San Daniele. Der Ort liegt schon in der Ebene, wo der Tagliamento-Fluß in einem breiten Bett nach dem hektischen Alpengefälle etwas zur Ruhe kommt. Im Roadbook haben wir eine landschaftlich tolle Strecke über die Sella Chianzutan nach San Daniele beschrieben. Guten Appetit!

Die Friaul-Rundtour setzen wir auf der »465« durch das Val Pesarina fort. Daß Pisa nicht der einzige italienische Ort mit einem schiefen Turm ist, erleben wir in Prato. Der isoliert von der Kirche stehende Campanile neigt sich fast ebenso bedrohlich zur Seite, wie sein toskanisches Pendant. Kurz vor der Forcella Lavardet zieht sich die Straße wieder zusammen. Der weitere Verlauf der »465« nach Norden, Richtung San Stefano di Cadore, ist wegen zahlreicher Erdrutsche gesperrt. Wir wollen sowieso

FORCELLA LAVARDET (1542 METER)

Ruhiges Plätzchen: der Ort Sauris

Friaul-Highlight: Befahrung der Panoramica delle Vette

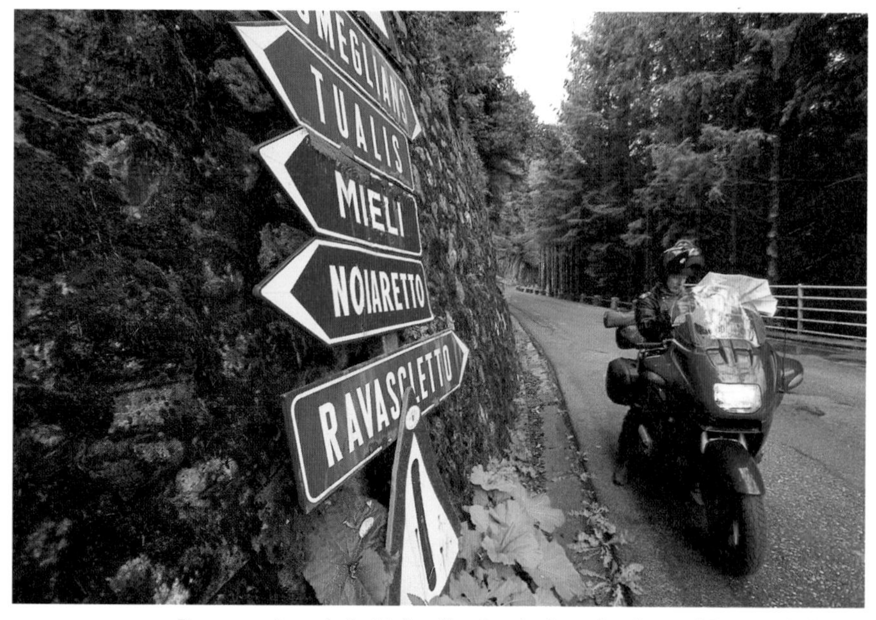

Panoramica delle Vette: liegt zwischen Tualis und Ravascletto

SELLA DI RAZZO (1760 METER)

über die schmale »619« nach Süden weiter. Kurz vor der Sella Razza zweigt eine Piste nach links ab, Richtung Sauris. Ein Schild weist daraufhin, daß zwei Kilometer weiter ein Fahrverbot beginnt. Vor einigen Jahren, als wir Touren für den ersten Alpenband ausarbeiteten, konnte man diese Strecke auch nur auf eigenes Risiko unter die Räder nehmen. Wir fahren die zwei Kilometer auf der grob geschotterten Strecke, dann ist tatsächlich Schluß. Riesige, tonnenschwere Betonklötze und eine Schranke, die die gesamte Pistenbreite einnimmt, sollen die Weiterfahrt verhindern. Unten im Tal lockt das fast unwirklich türkisfarbene Wasser des Sauris-Sees. Wir stellen die Maschine ab, begutachten die Barrieren, als wir das charakteristische Ballern einer einzylindrigen Enduro hören. Ein einheimischer Endurist mit Jeans, Windjäckchen und einem Bergsteigerseil über den Schultern donnert mit seiner XR 500 aus der Richtung heran, aus der auch wir gekommen sind, bremst schlitternd vor den Betonklötzen, nickt uns kurz zu und quetscht sich dann zwischen zwei Blöcken und unter der Schranke durch, um flink hinter der nächsten Kurve zu verschwinden. Kurz darauf folgt eine Gruppe Schweizer Enduristen, die zunächst etwas zögerlich, aber dann ebenfalls das Betonhindernis überwinden. Da die Abstände zwischen den Hindernissen erfreulicherweise auf die neue Boxerbreite normiert sind, folgen wir ihnen. Allerdings nicht weit. Jetzt wird die drastische Straßenblockade weiter oben verständlich: Eine komplette Spitzkehre hat sich verabschiedet. Extrem-Enduristen mit Seilsicherung bleibt nur noch eine knapp handtuchbreite Spur über dem tiefen Abgrund. Wir kehren alle um. Im Tal unten hören wir das Bullern der Einzylinder-Enduro. Wir hätten zu gerne gesehen, wie der wilde Hund an der abgerutschten Stelle durchgekommen ist.

Die Aussicht ist so schön, daß sich die Fahrt bis zur Betonbarriere auf alle Fälle lohnt. Wir setzen unseren Weg über Sella Razza und Sella Ciampigotto, deren Straßenbelag bei den letzten

SELLA DI CIMA CIAMPIGOTTO (1790 METER)

Auch für Tourer: Schotterstraße Panoramica delle Vette

PASSO DELLA MAURIA (1298 METER)

PASSO DEL PURA (1425 METER)

FORCELLA DI MONTE REST (1052 METER)

Unwettern deutlich gelitten hat, nach Lorenzago di Cadore fort. Über den Mauria-Paß folgen wir dem kurvenreichen Verlauf der »52«. Kurz vor Ampezzo geht eine kleine Straße nach links ab, zum kleinen, aber feinen Passo di Pura, das Hintertürchen zum Lago di Sauris. Nach einigen unbeleuchteten Tunnels passieren wir die Staumauer, links liegt der türkisfarbene See, rechts der steile Abgrund des Lumiei-Flußes. Bevor wir durch die Galerie- und Tunnelstrecke nach Ampezzo wedeln, erkunden wir noch die Strecke, die wir eigentlich herunterkommen wollten. Hinter Sauris di Sopra steht das zu erwartende Verbotsschild, allerdings behindern auf dieser Seite keinerlei Betonhindernisse die Weiterfahrt. Das ist auch nicht nötig. Bereits der erste Steinschlag auf der Strecke hat die gesamte Piste weggerissen, ein kleiner Fußpfad mit Enduro-Reifenspuren führt über die Geröll- und Erdhalde. Selbst hier ist unser italienischer Freund

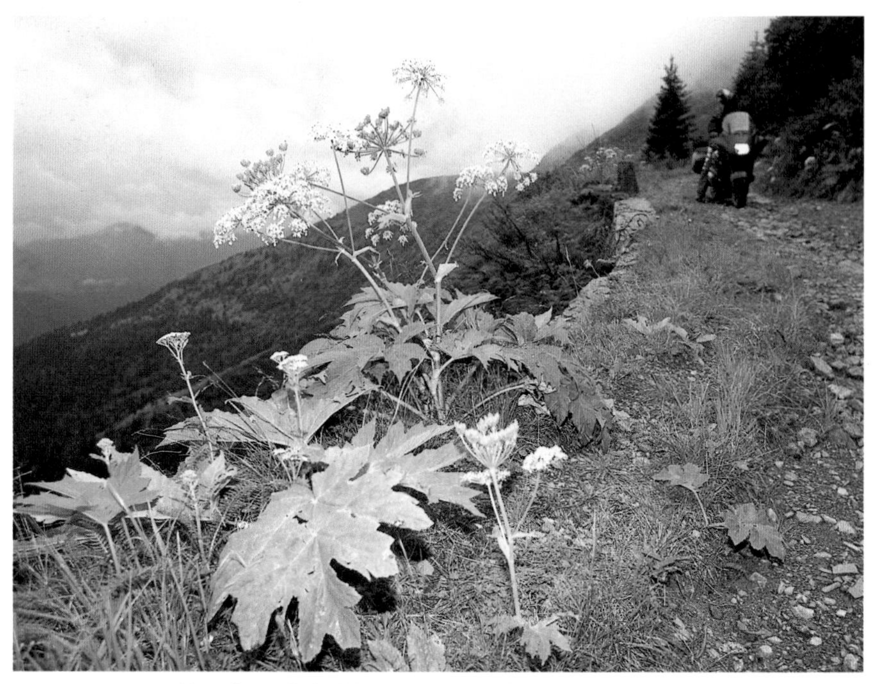

Abenteuerlich: Trip zum Monte Paularo

also drübergeheizt. Molto bene. In Ampezzo füllen wir die Tanks für die nächste einsame Etappe, die gleich hinter der Stadt beginnt. Die »552« führt über die Forcella di Monte Rest. Wieder so eine begeisternde Mini-Strecke, praktisch ohne andere Verkehrsteilnehmer. Nach der Paßhöhe ragt links eine senkrechte Felswand steil nach oben. In zahllosen, steinschlaggefährdeten – Caduta Massi – Kehren geht es abwärts. Vorbei am Lago di Tramonti suchen wir die Abzweigung nach Navarons, um zur Forcella di Pala Barzana zu gelangen, wo es dann über 23 gut ausgebaute Kehren wieder talwärts geht.

Nach Fertigstellung eines drei Kilometer langen, kerzengeraden Tunnels durch den Monte Fara wurde die alte Strecke durch die wunderschöne Cellina-Schlucht mit einem Fahrverbotsschild versehen. Wir folgen mal wieder den Einheimischen und betätigen uns, statt in die Röhre zu gucken, als Schluchtenflitzer.

Am türkisfarbenen Lago di Barcis geht dann wieder alles mit rechten Dingen zu. Wir legen einen ausgiebigen Rast- und Badestopp an seinem Ufer ein.

Die »251« zwischen Barcis und Cimolais besticht dann nicht

Auch schief:
der Turm von Prato

mehr durch schroffe Bergpässe oder steile Kehren, sie führt vielmehr in sanften Kurven durch eine liebliche Landschaft. Am Passo di Sant'Osvaldo geht es dann noch ein Stück tiefer hinunter. Durch die Vajontschlucht rollen wir ins Piavetal nach Longarone aus.

PASSO DI SAN OSVALDO (827 METER)

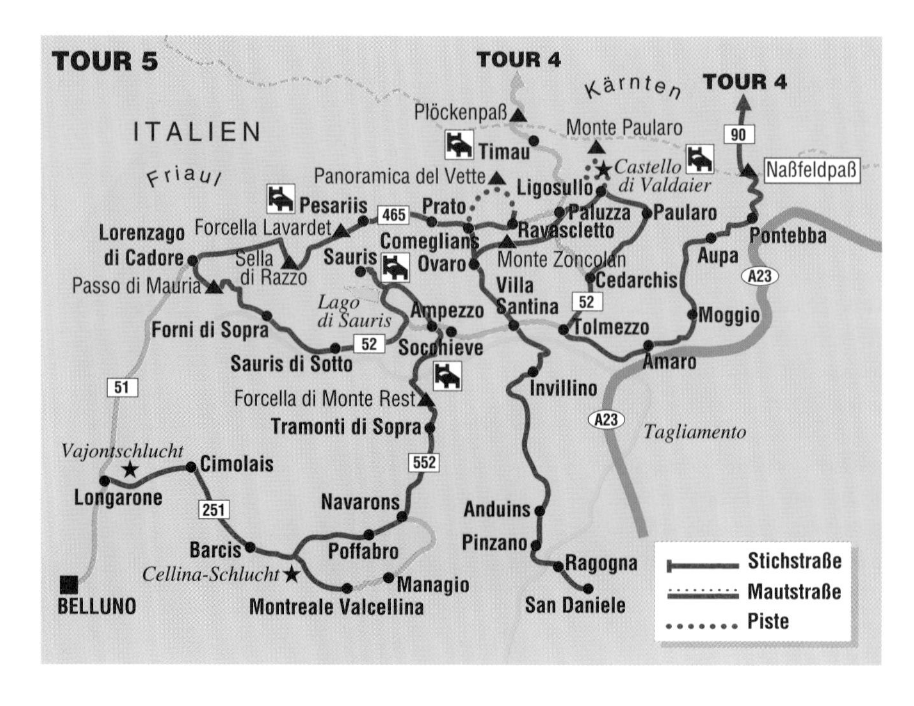

Gefahrene Strecke
(einschließlich Abstecher):
etwa 560 Kilometer

Karte:

Die Generalkarte »Österreich«, 1 : 200 000, Blatt 6, 8,80 Mark, zeigt nur den nördlichen Teil der Friaul-Tour.
Die beste Straßenkarte für die Tour und angrenzende Gebiete ist die Straßenkarte Blatt 4, »Friaul-Venetien« im Maßstab 1 : 200 000 von Kümmerley und Frey, 16,80 Mark.
Selbst winzige Schotterpäße sind auf dem Kartenbild klar zu erkennen.

Route:

Naßfeldpaß/Passo di Pramollo (1530 Meter) – Grenzübergang Österreich/Italien – Pontebba –

Aupa – Sella di Cereschiatis (1066 Meter) – Moggio – Amaro – Tolmezzo – »52 bis« – Cedarchis – Paularo – Forcella di Lius (1113 Meter) – Abstecher: Castello di Valdaier – Monte Paularo (1949 Meter) – Ligosullo – Paluzza – Sutrio – Monte Zoncolan (1730 Meter) – Liariis – Ovaro – Comeglians – Tualis – Panoramica delle Vette – Alp Chiadinis (1967 Meter) – Ravascletto – Comeglians – Abstecher zum Schinkenessen nach San Daniele di Friuli – Ovaro – Villa Santina – Invillino – Sella di Chianzutan – Anduins – Pinzano – Ragogna – San Daniele und wieder zurück bis kurz vor Comeglians, dann links auf der »465« nach – Prato – Canale S. Canziano – Pesariis – Forcella Lavardet (1542 Meter) – »619« – Sella di Razzo (1760 Meter) – Sella di Cima Ciampigotto (1790 Meter) – Laggio – Lorenzago di Cadore – Passo della Mauria (1298 Meter) – »52« – Forni di Sopra – Forni di Sotto – Passo del Pura (1425 Meter) – Lago di Sauris – la Maina – Sauris – Sauris di Sopra – Sauris – Lumiei-Tal – Tunnel- und Galerie-Strecke – Ampezzo – »552« – Forcella di Monte Rest (1052 Meter) – Tramonti di Sopra – Lago di Tramonti –

Drastisches Fahrverbot: Betonklötze westlich von Sauris

Navarons – Poffabro -Forcella di Pala Barzana – Bosplans – Abstecher: Cellina-Schlucht – Barcis – »251« – Cimolais – Passo di San Osvaldo (827 Meter) – Vajontschlucht – Longarone

Weiterfahrt:
Die Dolomiten (Alpen 1, Tour 5) erreicht man von Ende der Vajont-Schlucht in Longarone am schönsten über Forcola Cibiana (1528 Meter) und Passo Duran (1605 Meter).
Nach Südtirol (Alpen 1, Tour 4) gelangt man von Auronzo di Cadore über Passo S. Antonio und Kreuzbergpaß (1636 Meter).
Nach Kärnten (Alpen 2, Tour 4) gelangt man über den Plöckenpaß (1362 Meter) oder den Naßfeldpaß (1530 Meter).

Wer nach Slowenien (Alpen 1, Tour 8) weiter möchte, fährt über die Sella Nevea (1189 Meter) und den Predilpaß (1156 Meter).

 Übernachten:

• Albergo Castel Valdajer
I - Ligosullo
Telefon: 00 39/433/77 70 57
Ruhige Lage am Fuße des Monte Paularo, idealer Ausgangspunkt für eine abenteuerliche Schottertour zu dessen Gipfel. Einfache Zimmer mit Bad/WC. Restaurant. Halbpension empfehlenswert. Die hübsche Lisa spricht gut Deutsch.

Schön restauriert: Hotel Pradibosco

• Rifugio Grasia
I - 33020 Socchieve
Telefon: 0039/433/8 09 80
Ruhig in der Nähe des Monte Rest, nördlich von Tramonti di Sopra, gelegener Berggasthof. Restaurant mit landestypischer Küche. Halbpension empfehlenswert. Zwei Zimmer mit drei Betten, ein großer Raum ist Sammelunterkunft.

• Albergo Casetta in Canada
Strada di Monte Croce Carnico
I - 33020 Timau
Telefon: 00 39/433/77 90 29.
Direkt am Fuße des Plöckenpaßes auf italienischer Seite gelegener Gasthof. Garage für Motorräder kostenlos. Die Besitzer sprechen Deutsch.

• Albergo Domini
I - 33020 Lago di Sauris
La Maina
Telefon: 00 39/433/8 60 59 od. 8 60 12
Haus mit Blick auf den türkisfarbenen Sauris-Stausee. Einfache Zimmer, Etagenbad mit großer Badewanne. Restaurant. Halbpension empfehlenswert.

•• Hotel Pradibosco
I - Pesariis/Val Pesarina
Telefon: 00 39/433/6 90 65

An der Straße zur Forcella Lavardet gelegenes Haus. Schön und geschmackvoll restauriert. Gutes Restaurant. Halbpension empfehlenswert. Garagen.

●● Albergo Bivera
I - Sauris di Sopra, Sauris
Telefon: 00 39/433/8 61 46;
Fax: 0039/433/8 62 36.
Sehr stilvoll restauriertes Haus, oberhalb vom Sauris-Stausee, in 1400 Meter Höhe gelegen. Gutes Restaurant. Halbpension empfehlenswert.

Gastronomie:

Ai Bintars
Via Trento Trieste 59
33038 San Daniele
Telefon: 00 39/432/95 73 22
Hier schmeckt der süßliche, luftgetrocknet, friaulische Schinken (prosciutto friuli) am besten. Serviert wird er meist mit anderen leckeren Antipasti, wie eingelegten Pilzen, Käse und Artischockenherzen. Mittwochnachmittag und Donnerstag geschlossen. Schräg gegenüber vom Krankenhaus (ospedale).

Schmackhaft: luftgetrockneter Schinken in San Daniele

Adressen:

Das staatliche, italienische Fremdenverkehrsamt ENIT hat drei Filialen in Deutschland:

Kaiserstraße 65
60329 Frankfurt/Main
Telefon: 0 69/23 74 30;
Fax: 0 69/23 28 94.

Berliner Allee 26
40212 Düsseldorf
Telefon: 02 11/13 22 32;
Fax: 02 11/13 40 94.

Goethestraße 20
80336 München
Telefon: 0 89/53 03 60;
Fax: 0 89/53 45 27.

FRÖHLICHE EIS-ZEIT

Nirgendwo sonst in den Alpen können Motorradfahrer die Eis-Zeit so intensiv erleben, wie im Schweizer Pässe-Fünfeck Susten-, Grimsel-, Furka-, Nufenen- und Gotthard-Paß. Und wer noch mehr Gletscher will, dem bleiben immer noch die Seitentäler des Wallis – und eine Menge Spaß.

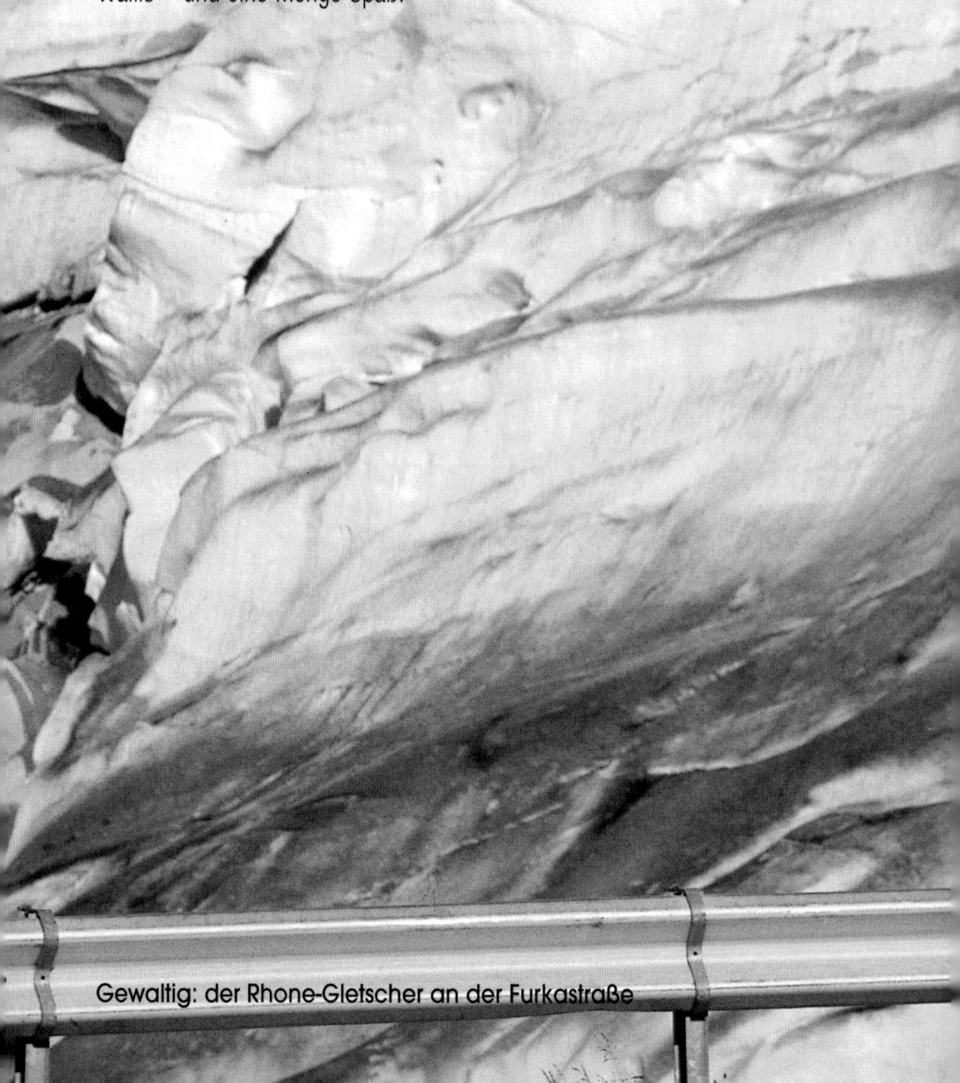

Gewaltig: der Rhone-Gletscher an der Furkastraße

SCHWEIZER PÄSSE

SCHWEIZER PÄSSE

Bei dem schier endlosen Stop and Go-Verkehr auf der sogenannten Transit-Strecke durch Zürich fallen wir aufgrund der Abgase fast von den Maschinen. Mitten durch alte Wohngebiete der Stadt donnern Schwer- und Leichtverkehr – hier zu wohnen ist wahrlich kein Vergnügen. Lebensqualität in der Schweiz stellt sich der unbeleckte Tourist ganz anderes vor. Zum Beispiel so etwas wie unseren ersten Paß auf dem Trip durch die eidgenössische Republik.

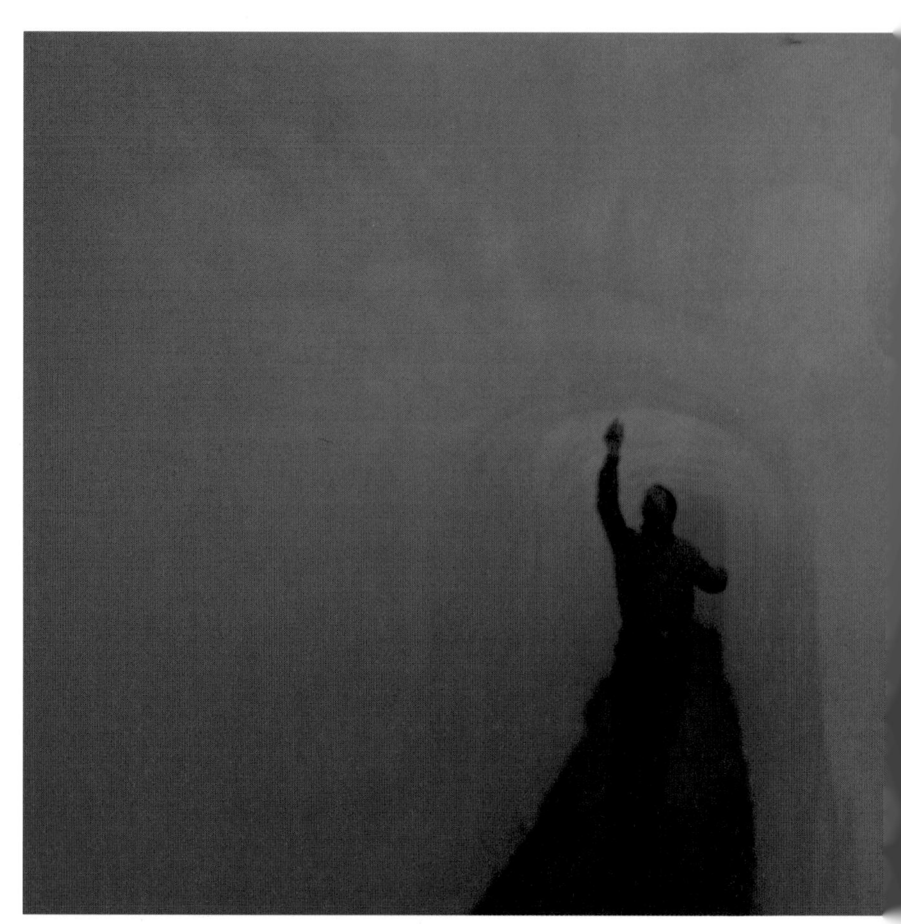

Unwirklich: die Eishöhle im Rhone-Gletscher

Wir verlassen die Autobahn »N 3« in Wollerau und fahren auf der »8« nach Schwyz. Dort zweigt ein Sträßchen ins Muotathal ab. Der Abstecher von Hinterthal ins Bisistal bietet dann Schweiz pur: klare Luft, grüne Wiesen, hohe Berge, wei-

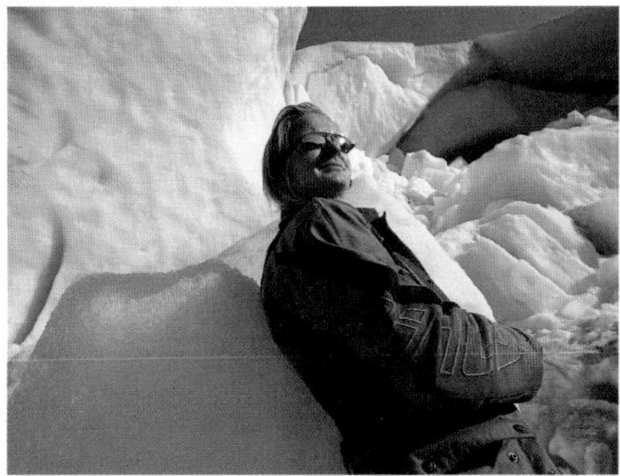

Holiday on Ice: coole Anlehnung an den Steingletscher

dende Kühe – eine Mischung aus Heidifilm und Milkawerbung. Isch cool, Mann.

PRAGEL-PAß (1550 METER)

Der weitere Weg zum an Wochenenden für den Fahrzeugverkehr gesperrten Pragel-Paß ist wirklich erstaunlich eng. Zwei Gold Wing haben Probleme aneinander vorbeizukommen. Die Strecke ist erst vor kurzem von der Schweizer Armee für Privatfahrzeuge freigegeben worden. Zunächst geht es durch dichten Wald nach oben. Mit dem Wetter haben wir noch kein Glück, fast undurchsichtiger Nebel bremst unseren Vorwärtsdrang. Am Klöntaler See sehen wir aber bereits durch die Wolken die Sonne.

Und beim ersten Paß-Klassiker der Tour, der parallel südlich zum Pragel-Paß verläuft, scheint

Klebrig: Sustenpass-Schild

KLAUSENPAß (1948 METER)

sie dann richtig. Der knapp 2000 Meter hohe Klausenpaß wurde bereits 1899 erbaut. Direkt hinter Linthal geht es aufwärts. Nach zehn Kehren sind bereits 600 Meter Höhenunterschied überwunden. Auf der Paßhöhe zucken wir bei Kaffee und Kuchen erstmals zusammen. Die Schweizer Preise sind mehr als happig. Als Kostendämpfungsmaßnahme ziehen wir ab sofort mittägliche Picknicks im Grünen vor, die Zutaten besorgen wir uns im Supermarkt, wo das Preisniveau gerade noch erträglich ist. Auch von den Übernachtungskosten her liegt die Schweiz an der Spitze aller Alpenländer. Doch die fantastischen Schweizer Paßstrecken trösten über den schrumpfenden Geldbeutel hinweg.

Bei der Abfahrt sehen wir einen alten, ledernen Wanderstiefel, der auf einem Felsen festgeschraubt und -gekettet ist. Ein dichter Blumenstrauß wächst aus ihm heraus. Möglicherweise ist hier mal ein Wanderer abgestürzt. Kein Wunder, es geht verdammt steil hinunter. Etwas langsamer setzen wir unseren Weg ins Tal fort.

SUSTENPAẞ (2224 METER)

In Wassen biegen wir rechts auf die Sustenstraße ab, die zwischen 1938 und 1945 gebaut wurde. Durch das Meiental führt sie nahezu ohne Kehren und Kurven, also recht unspektakulär, nach oben, zum Scheiteltunnel des Sustenpaßes. 325 unbeleuchtete Meter später trifft uns das Panorama auf der anderen Seite wie ein Schlag. Der Blick ins Tal und auf den mächtigen, in der Nachmittagssonne ungleißenden Steingletscher kann wirklich nur als atemberaubend bezeichnet werden. Auf diesen Naturschock hin müssen wir erstmal, wie Dutzende anderer Biker auch, einen Kaffee vor dem Paß-Restaurant zu uns nehmen.

Lange betrachten wir das eindrucksvolle Naturschauspiel. Obwohl keine Wolke am Himmel zu sehen ist, hören wir aus der Richtung des ewigen Eises Geräusche, die an tiefes Donnergrollen erinnern. An der Zunge des riesigen Gletschers sehen wir ein paar Leute spazieren gehen, hunderte von Schafen grasen in den Wiesen dahinter. Gleich daneben entdecken wir ein Sträßchen, das sich am Gletscher vorbei weiter nach oben zieht. Da müssen wir unbedingt hin. Wir kurven nach unten. Beim Hotel Steingletscher zweigt ein kleiner Fahrweg ab, der tatsächlich legal zu befahren ist. Nach knapp drei wunderschönen Kilometern ist allerdings Schluß. Ein mit Maschinenpistole und Funkgerät bewaffneter Soldat der glorreichen Schweizer Armee stoppt Elke, die vor mir fährt. Er sagt irgendetwas zu ihr, was ich nicht verstehe. Völlig entrüstet dreht sie sich zu mir um: »Stell dir vor, die schießen auf Schafe.« Ungläubig starre ich auf das Geröllfeld vor dem Gletscher, wo die Schüsse widerhallen. Als wir keine gemeuchelten Schafe entdecken können, klärt sich das Mißverständnis. Unter dem Helm hatte Elke das »r« nicht gehört. Der Soldat hatte ihr mitteilen wollen, daß am oberen Gletscher »scharf« geschossen wird.

Wie pinkelt der Eskimo?
Genau, mit einem Eiszapfen

daytona
daytona

Monumental: die Zunge des Rhone-Gletschers

GRIMSELPAß (2165 METER)

Also fahren wir zurück zum Steingletscher. Von dem geschotterten Parkplatz sind es nur ein paar Minuten bis zu den gewaltigen Eismassen, die uns zwergenhaft erscheinen lassen. Trotz blauem Himmel und Sonnenschein fangen wir an zu frösteln.

Durch ein liebliches Tal geht es weiter nach Innertkirchen. Kurz darauf beginnt der nächste Anstieg. Die Grimselstraße ist auf ihrer Nordseite mit Rücksicht auf Omnibusse sehr gut ausgebaut worden. Rechts und links läßt sich manchmal noch die alte, wesentlich spektakulä-

Klassisch: alte Postkutsche an der Tremolastraße

rere Trasse erkennen. Aber das Landschaftsbild hat hier noch auf andere, wesentlich drastischere Art Veränderungen erfahren. Diverse Staumauern und -seen des Kraftwerkes Oberhasli prägen die Alpenkulisse. Das oberste der künstlichen Gewässer befindet sich auf der Scheitelhöhe, wo die Grenze zwischen den Kantonen Bern und Wallis verläuft.

Typisch:
Walliser Haus in Grimentz

Die Aussicht vom Grimselpaß ist dann wieder fantastisch. Der Rhonegletscher glitzert in der Sonne. Ganz deutlich ist das Kehrengeschlängel der zwischen 1864 und 1866 erbauten Furkastraße zu erkennen, die zum nächsten Paß, dem 2431 Meter hohen Furka führt. Aber zunächst müssen wir hinunter nach Gletsch, an der noch jungfräulichen Rhone vorbei, die hier Rotten genannt wird.

FURKAPAß
(2436 METER)

In der vorletzten Kehre vor dem historischen Prachtbau des Belvédère-Hotel beherrscht der Rhonegletscher das Bild. Ein idealer Fotopunkt, um das Motorrad vor dem Eis abzulichten. Obwohl als Touristenfalle ange-

legt, begeistert uns der Besuch der in den Gletscher geschürften Grotte. Durch einen mit Laternen beleuchteten Tunnel aus blauschimmerndem Kristall geht es auf einem schmalen Holzweg in eine Grotte, wo ich sofort von einem Eisbären umarmt werde, der mich zu einer bereitstehenden Kamera schleift. Mit seiner Plüschpranke zeigt er auf die Fotos, die fast ausschließlich mit Bikini bekleidete Damen neben dem so peinlich Kostümierten zeigen. Der Fotograf mit dickem Mantel und Pelzkappe klagt dar-

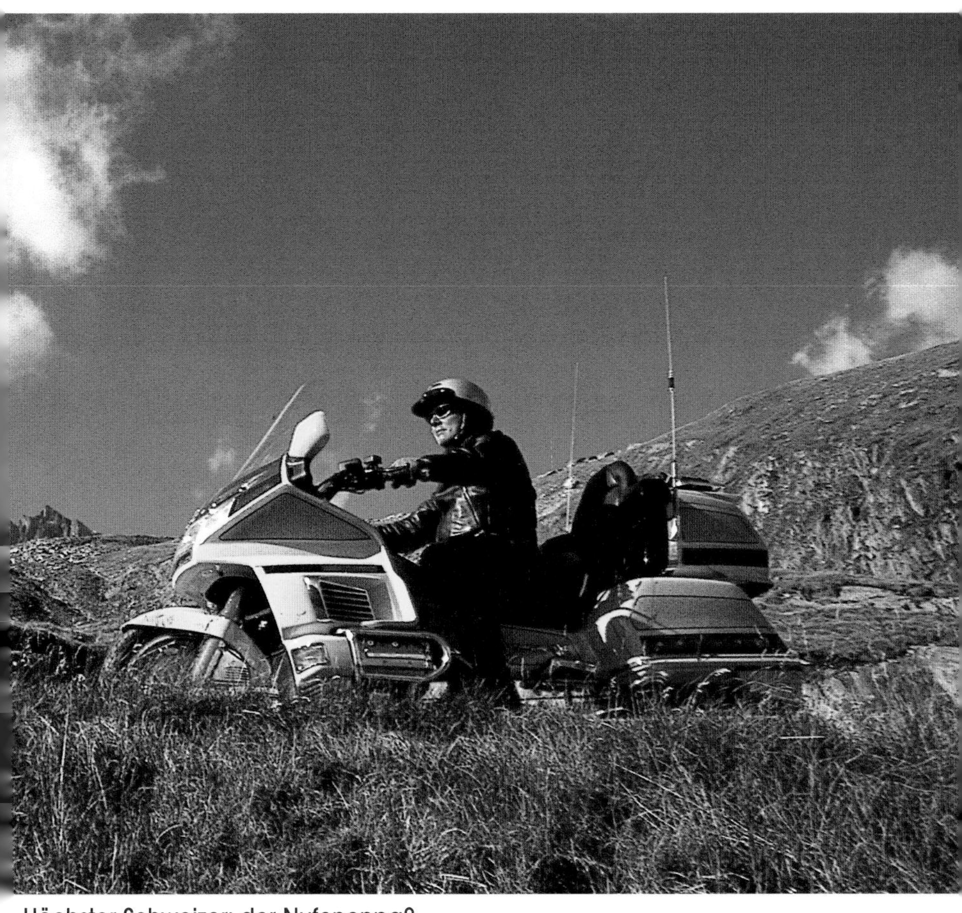

Höchster Schweizer: der Nufenenpaß

über, wie schlecht die Zeiten in der Schweiz mittlerweile geworden sind. Elke dreht schließlich den Spieß um und lichtet sowohl die Pelzkappe als auch den lebensgroßen Plüschbären nebeneinander ab. Den Mineralienverkäufer am Parkplatz vor der Eisgrotte ereilt das gleiche Schicksal. Auch er wird fotografisch dokumentiert.

Über Realp treten wir den kehrenreichen Abstieg nach Andermatt an. Bevor wir einen der berühmtesten Alpenpässe unter die Räder nehmen, machen wir

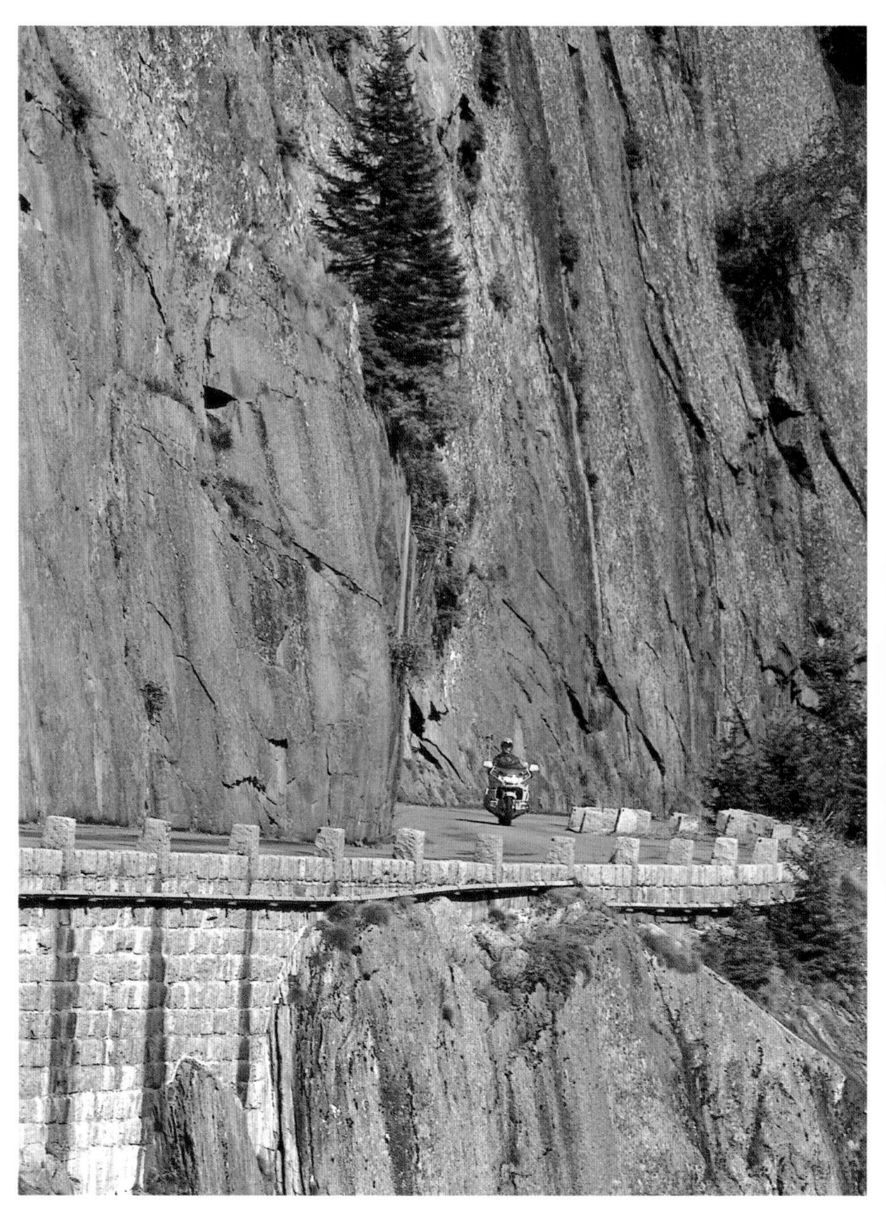

Stein-Reich: Abstecher ins Göschener Tal

noch einen Abstecher. Zunächst geht es durch die Schöllenenschlucht, die jahrhundetelang eine fast unüberwindliche Barriere am Gotthardweg bildete. Eine erste Brücke soll es dort bereits im 12. oder 13. Jahrhundert gegeben haben. Auf der Strecke beeindrucken weniger die landschaftlichen Reize, als vielmehr die Fülle der künstlichen Bauten, die in dem extrem steilen Gelände errichtet worden sind: die vierspurige Autobahn mit Tunnels, Brücken und Lawinengalerien, die überdachte Zahnradbahnstrecke und die Landstraße mit ihren zahlreichen Kehren, auf der wir Richtung Göschenen unterwegs sind. Durch das Urner Loch gelangen wir zur Teufelsbrücke. Der 1708 erbaute Straßentunnel gilt als der älteste in den Alpen.

In Göschenen beginnt der Abstecher ins gleichnamige Tal. Eine kleine kurvenreiche Straße führt durch Tunnels und Kehren bis zum Dammagletscher und dem Göschener-Alpsee. Der Weg lohnt sich. Nach einer Kaffeepause fahren wir durch die Schöllenenschlucht zurück nach Andermatt. Durch eine karge Alpenlandschaft geht es hoch bis zum alten Hospiz am Gotthardpaß. Das Museum auf der Paßhöhe belegt eindrucksvoll

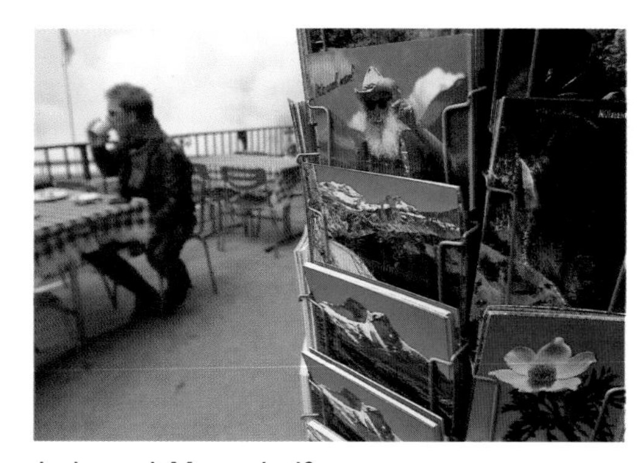

Isch cool, Mann: heiße Schokolade am Klausen-Paß

die oft tragische Historie der Gotthard-Überquerungen.

Die alte Südabfahrt ist trotz gegenteiliger Gerüchte für den Fahrzeugverkehr geöffnet. Lediglich bei akuter Lawinengefahr, oder wenn Ausbesserungsarbeiten notwendig werden, bleibt die rotweiße Schranke hinter dem Hospiz vorübergehend geschlossen. Für echte Alpen-Freaks sind die 24 kopfsteingepflasterten Kehren die ideale Alternative zur langweilig breit ausgebauten Gotthard-Paßroute auf der gegenüberliegenden Bergseite. Wir haben Glück und treffen die aufwendig restaurierte, von fünf Pferden gezogene Postkutsche, die heute wieder an schönen Sommertagen auf ihrer klassischen Route unterwegs ist, allerdings nur noch Touristen befördert, keine

ST. GOTTHARD-PAß (2108 METER)

Denkmal: Wanderstiefel mit Blumen am Klausen-Paß

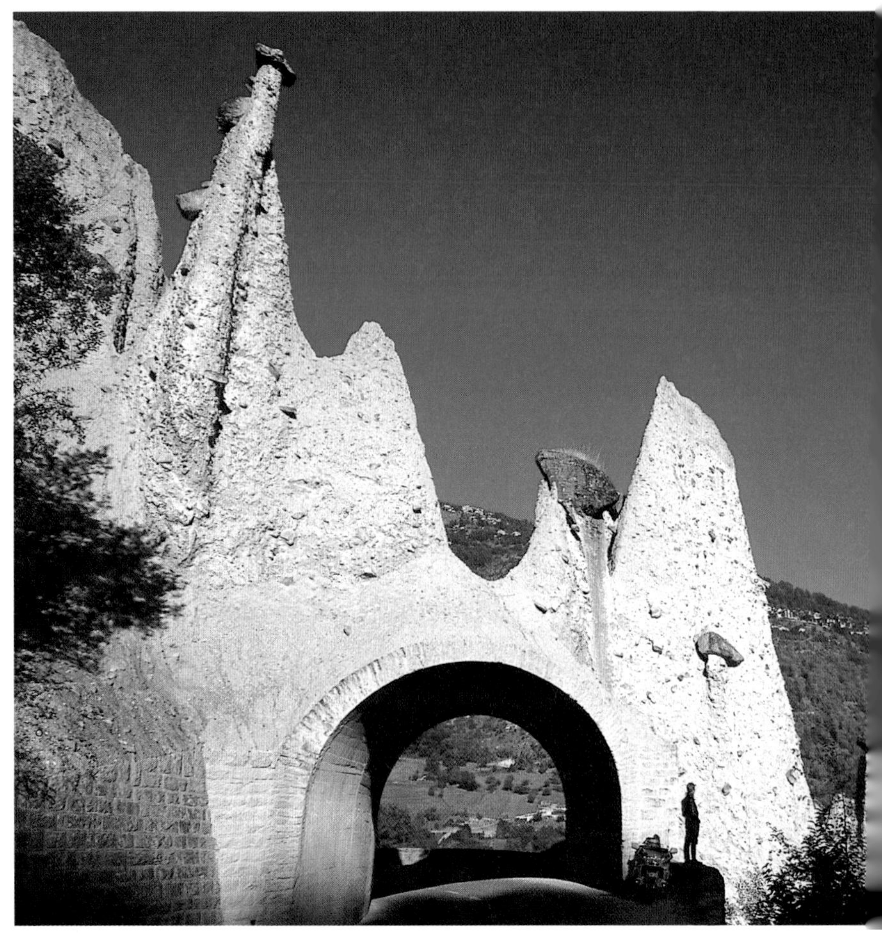

Berühmt: die Erdpyramiden von Enseigne im Wallis

Durchreisenden mehr wie in der guten alten Zeit. Der schnauzbärtige Kutscher ist sichtlich von der gelben Gold Wing-Lackierung begeistert, warnt aber eindringlich davor das Topcase offen zu lassen, da sonst die Gefahr bestünde, daß die Leute ihre Urlaubspostkarten einwerfen.

In Airolo herrscht dann Kontrastprogramm. Während es auf der Paßhöhe noch unwirtlich kühl war, ist es im Tal richtig warm. Kein Wunder, wir sind im

sonnenverwöhnten Tessin, wo wir den Hinweistafeln zum Nufenen-Paß folgen.

Er ist mit 2478 Metern der höchste innerschweizerische Paß und verbindet das Tessin mit dem Wallis. Der 1969 noch als Naturstraße angelegte Bergübergang ist mittlerweile komplett durchgeteert und weist nur noch wenige Engstellen auf. Auf der Westseite gelangen wir schnell ins Rhonetal, das sich bis zur französischen Grenze erstreckt. Wer nicht direkt ins Nachbarland will, kann noch den einen oder anderen Abstecher in eines der zahlreichen Wallistäler unternehmen.

Eine Strecke reizt uns dort schon lange, die kleine Piste von Grengiols auf den 2451 Meter hohen Furggen und dann über Heiligkreuz und Binn zurück nach Fiesch. Da die Strecke absolut nichts für Schwergewichte sein soll, fahren wir zu zweit auf der TDM. Doch dort, wo die Pi-

NUFENENPAß
(2478 METER)

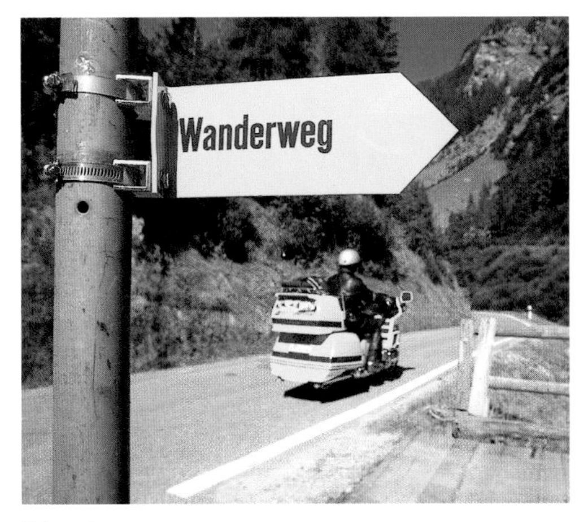

Wanderweg:
nichts für Gold Wings

ste beginnt, steht ein nagelneues Verbotsschild. Nur noch Fußgänger und Mountainbiker dürfen hier weiter. Auf der Rückfahrt nach Grengiols kommen uns nicht nur andere Biker auf Enduros entgegen, sondern auch ein Polizeiwagen, der so schnell um die Kurve schießt, daß er uns fast vom Motorrad holt. Wahrscheinlich ahnen seine Insassen fette Beute. Im September 1996 wurden die Bußgebühren in der Schweiz drastisch erhöht. Das Parken eines Motorrades auf dem Gehweg kostet seither statt 20 satte 120 Fränkli. Selbst geringe Überschreitungen der vorgeschriebenen Geschwindigkeit werden drastisch bestraft.

SIMPLONPAẞHÖHE (2006 METER)

Wir versuchen noch von der anderen Seite zum Furggen hochzukommen. Die neuen Verbotschilder verhindern jedoch bereits in Binn die Weiterfahrt. Das nächste Mal kommen wir mit den Mountainbikes.

Wer nach dem Nufenen direkt wieder zurück ins Tessin möchte, fährt von Brig aus über den Simplonpaß, dessen alte, nicht ganz einfach zu findende Trasse

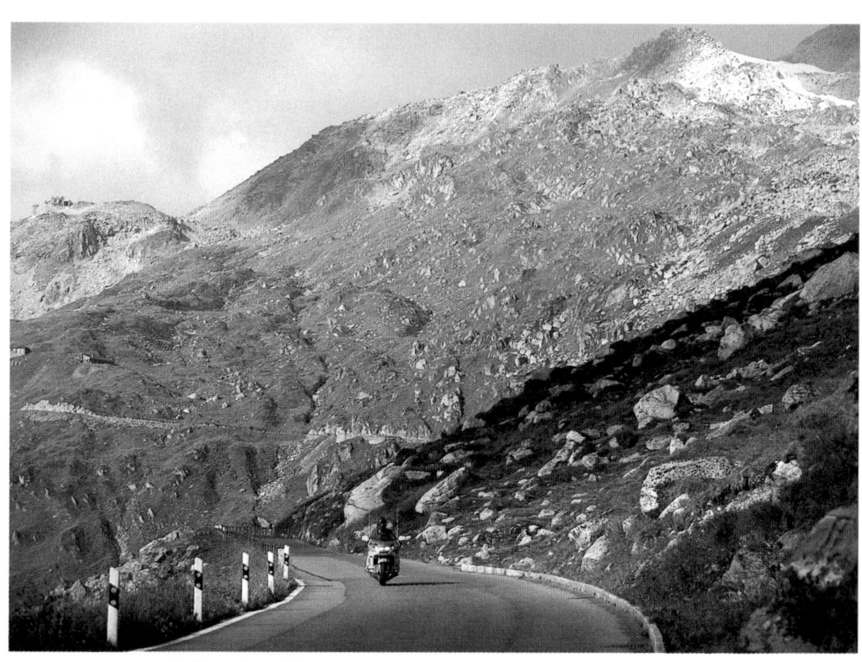

Schweizer Klassiker: die Furkapaßstraße

neben der neuen weiterbesteht. In der an die Reportage anschließenden Routenbeschreibung haben wir vier der zahlreichen Wallistäler beschrieben. Das Turtmanntal ist das wohl einsamste und am wenigsten erschlossene von ihnen, was daran liegt, daß es erst seit einigen Jahren eine Straßenverbindung besitzt. Vorher waren die Dörfer nur per Seilbahn oder zu Fuß erreichbar.

Der nächste Abstecher geht in den Norden, nach Leukerbad. Der touristische Skiort selbst ist an Schrecklichkeit kaum zu überbieten, aber die Strecke dorthin und über Albinen wieder zurück nach Leuk lohnen den Weg.

Richtig schön sind dagegen die typischen Walliser Orte im Val d'Anniviers, wie Grimentz, Vissoie und Zinal. Die Holzhäuser sind pittoresk schwarzbraun verwittert. Die gleichfarbigen Heuschober stehen auf vier hölzernen Säulen. Zwischen Stelzen und Hausbasis sind rundgehauene Schieferplatten eingefügt. Die einst extrem holprige Fahrt zum Gletschersee Lac de Moiry, in 2249 Meter Höhe, gehört der Vergangenheit an. Eine tolle Asphaltstrecke führt am See vorbei und endet in einem Hochtal, kurz vor dem Moiry-Gletscher.

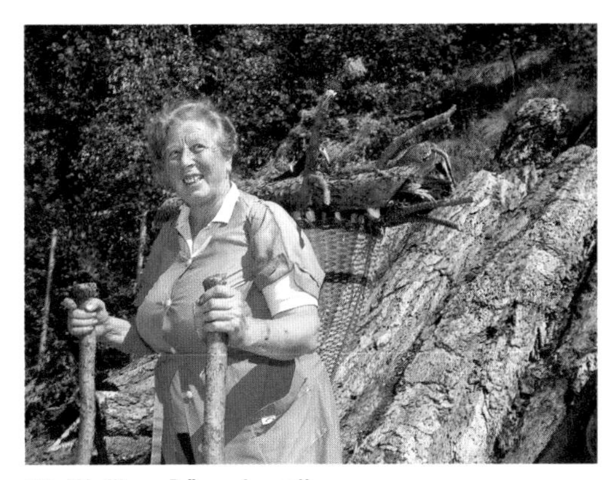

Fit: Walliser Bäuerin mit Holz auf dem Rücken

Der letzte Wallistal-Abstecher bietet ebenfalls eine Sehenswürdigkeit, die aus der letzten Eiszeit stammt. Im Val d'Hérens ist der Moränenschutt, also das, was die Gletscher so an Geröll vor sich hergeschoben und nach dem Abtauen zurückgelassen haben, zu den weltberühmten Erdpyramiden von Euseigne erodiert. Große Felsen, die einst im feinen Schutt verborgen lagen, balancieren heute auf der Spitze der bizarren Kegel, die im Volksmund Gendarmen genannt werden, und schützen diese so bei Regen vor der Auswaschung. Zurück im Rhonetal ist es nicht mehr weit in die französischen Alpen, die entweder über den Col de la Forclaz oder den Großen St. Bernard-Paß zu erreichen sind.

LAC DE MOIRY

INFO SCHWEIZER PÄSSE

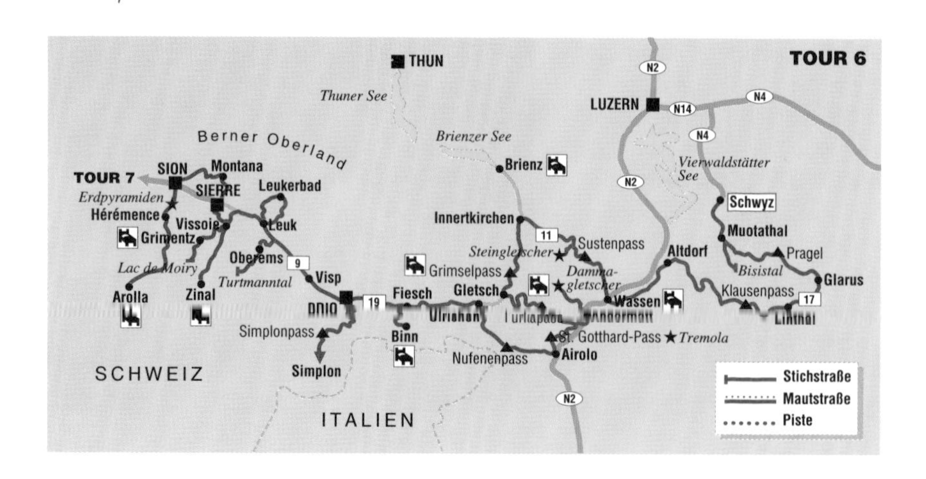

Gefahrene Strecke (einschließlich Abstecher): etwa 660 Kilometer

 Karte:

Die Generalkarte »Schweiz«, 1 : 200 000, Großblatt 1 und 2, je 12,80 Mark. Die Großblätter haben die kleineren Kartenausschnitte für die Schweiz abgelöst. Da diese nun quergefalzt und deutlich dicker sind, wird es entsprechend schwieriger sie im Tankrucksack unterzubringen.

 Route:

Schwyz – Muotathal – Hinterthal – Abstecher: Bisistal – Pragel-Paß (1550 Meter) – Klöntal – Klöntaler See – Glarus – »17« – Schwanden – Linthal – Klausenstraße – Klausenpaß (1948 Meter) – Unterschächen – Altdorf – »2« – Schattdorf – Silenen – Amsteg – Gurtnellen – St. Gotthard-Straße – Wassen – »11« – Sustenstraße – Sustenpaß (2224 Meter) – Abstecher: Steingletscher – Gadmen – Gadmental – Innertkirchen – »6« – Grimselstrasse – Guttannen – Grimselpaß (2165 Meter) – Gletsch – »19« – Rhonegletscher – Furkapaß (2436 Meter) – Realp – Hospental – Andermatt – Abstecher: Göschenen – Göschener Tal – Göschener Alp – Dammagletscher – Göschenen – Schöllenen-Schlucht – Teufelsbrücke – Urner Loch –

Andermatt – St. Gotthard-Paß (2108 Meter) – Alternative zur Gotthard-Paßabfahrt: die alte, kopfsteingepflasterte Tremola-Straße mit ihren 24 Kehren – Airolo – Bedretto – Nufenenpaß (2478 Meter) – Ulrichen – »19« – Münster – Bellwald – Fiesch – Abstecher: Ausserbinn – Binn – Fiesch – Mörel – »19« – BRIG – Abstecher: Simplonpaß-Höhe (2006 Meter) – zurück über die alte Simplonpaßstraße, die kurz vor der neuen Talbrücke nach links abzweigt – Rosswald – Ried – BRIG – »9« – Visp – »9« – Turtmann – Abstecher: Oberems – Turtmanntal – Turtmann – »9« – Leuk – Abstecher: Dalaschlucht – Inden – Leukerbad – Albinen – Leuk – SIERRE – Abstecher: Chandolin – Val d'Anniviers – Vissoie – Ayer – Zinal – Ayer – Vissoie – Grimentz – Lac de Moiry – Vissoie – Chandolin – SIERRE – Montana – Lens – Ayent – Grimisuat – SION – Abstecher: Val d'Herens – Hérémence – Erdpyramiden von Euseigne – Evolène – Val d'Arolla – Arolla – SION

Weiterfahrt:
Anschluß an den Graubünden-Trip (Alpen 1, Tour 6) über Andermatt und den Oberalp-Paß (2044 Meter). Anschluß an die Französische Alpen-Tour (Alpen 1, Tour 9) über den Col du Grand St. Bernard (2469 Meter) und Aosta. Die Französische Alpen-Tour (Alpen 2, Tour 7) beginnt westlich von Martigny, nach dem Col de la Forclaz (1526 Meter).

 Übernachten:

Im Alpenband 1 der Edition Unterwegs (Motorbuch-Verlag, 29,80 Mark) haben wir bei der dort beschriebenen Graubünden-Tour bereits einige motorradfreundliche Gasthöfe genannt. Zusätzlich empfehlenswert sind die folgenden Schweizer Häuser:

•• Berghotel Galenstock
Furkapaß
CH - 6491 Realp
Telefon: 00 41/41/88 71 760
Zehn Prozent Ermäßigung für Motorradfahrer, Garage kostenlos, einfache Zimmer mit Etagendusche.

•• Hotel du Glacier
CH - 1986 Arolla
Telefon: 00 41/27/83 12 18;
Fax: 00 41/27/83 14 78.
Einfache Zimmer. Restaurant.

●● Pension Chalet Carina
CH - 6484 Wassen
Telefon: 00 41/44/65 30 1
Freundliche Wirtsleute, Garage kostenlos, Wirt gibt Tourentips.

●●● Gasthof Hirschen
CH - 3855 Brienz-Eblingen
Telefon: 00 41/36/51 15 51;
Fax: 00 41/36/51 40 52.
Gasthof in schöner Lage.

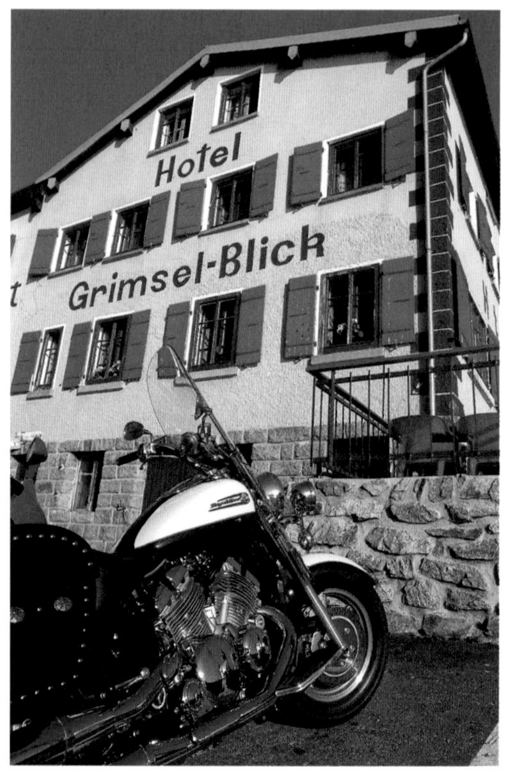

Ganz oben: Hotel Grimsel-blick am gleichnamigen Paß

●●● Berggasthaus Dammag-letscher
CH - 6487 Göscheneralp
Telefon: 00 41/41/88 51 676
Ruhige Lage am Ende der Stichstraße zum größten Naturstaudamm Europas. Moderne Zimmer mit WC und Bad. Viererzimmer und Touristenlager.

●●● Hotel Europe
CH - 3961 Zinal
Telefon: 00 41/27/65 44 04;
Fax: 00 41/27/65 44 14.
Schöne Zimmer mit Bad, WC, Fernseher. Tiefgarage kostenlos. Reichhaltiges Frühstücksbuffet. Whirlpool und Sauna. Restaurant, das neben teuren Hauptgerichten auch Pizza vom Holzofen serviert.

●●● Hotel Belvédère
Furkapaß/Rhonegletscher
CH - 3999 Belvédère
Telefon/Fax: 00 41/28/73 11 96
Altes, traditionsreiches Haus mit zeitgenössischem Mobiliar, direkt am Rhonegletscher.

●●● Pension Becs de Bosson
CH - 3961 Grimentz
Telefon: 00 41/27/65 19 79;
Fax: 00 41/2765 49 79.
In einem der schönsten Walliser Orte steht dieses Haus mit traditioneller Fassade. Zimmer recht

einfach. Traditionelle Gerichte, wie Raclette und Fondue im Restaurant.

●●● Hotel Ofenhorn
CH - 3996 Binn
Telefon: 00 41/28/71 45 45
Traditionsreiches Haus, 1883 erbaut. Mittlerweile in Genosssenschaftsbesitz wieder restauriert. Zimmer mit und ohne Dusche. Freundlicher Empfang.

●●● Hotel Grimsel-Blick
Grimselpaß
Telefon: 00 41/28/73 11 77
Direkt auf der Paßhöhe gelegenes Hotel mit neu renovierten und stilvoll eingerichteten Zimmern. Drei davon mit Himmelbetten!

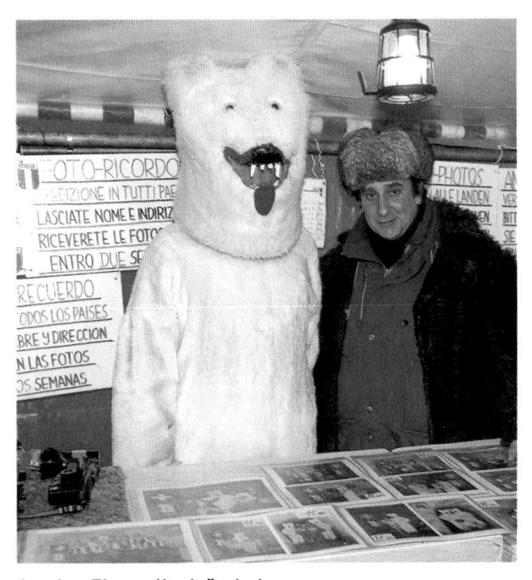

In der Eisgrotte trägt der Schweizer Modisch-Zweckmäßiges

Sehenswert:

Die Eishöhle am Rhone-Gletscher, unterhalb der Furkapaß-Höhe, kann gegen Eintrittsgeld besichtigt werden. Eine lohnenswerte Investition.
Die Erdpyramiden von Euseigne im Wallistal Val d'Hérens.
Das Museum auf der Paßhöhe des Gotthard. Historische Schwarzweißbilder zeigen die Geschichte eines der wichtigsten Bergübergänge der Alpen.

Adressen:

Schweizer Verkehrsbüro
Kaiserstraße 23
60311 Frankfurt/M.
Telefon: 0 69/25 60 01 0;
Fax: 0 69/25 60 01 38.

FRANZÖSISCHE ALPEN

KURVENPARADIES IM ABSEITS

Im Vercors, südlich von Grenoble und westlich der berühmten Route des Grandes Alpes, locken weniger befahrene, aber nicht minder spektakuläre Pässe. Der bekannteste dürfte der Col du Galibier sein, aber wer kennt schon Col de Sarenne, Col de Chaussy, Col de la Machine oder die Route de Combe Laval?

Französischer Klassiker: die Abfahrt vom Col du Galibier zum Col du Lautaret

COL DE LA FORCLAZ (1526 METER)

COL DES MONTETS (1461 METER)

Kurz vor der französischen Grenze, in le Châtelard, ist die letzte Gelegenheit in einem der zahlreichen Läden Schweizer Schokolade einzukaufen. Die Auswahl an Sorten ist gigantisch. Außer Mousse au Chocolat bietet Frankreich nichts dergleichen.

Früh am Morgen haben wir bereits Martigny und den Col de la Forclaz hinter uns gelassen. Für eine Hauptverbindungsstrecke hat der Paß erstaunlich viel Spaß gemacht. Griffiger Asphalt und weite Kurven, dazu der Wechsel der Landschaften, ein langsamer Übergang von lieblichem Weinland zu kargen Gebirgsmatten.

Die beiden Grenzer winken uns ohne Belästigungen durch. Nach dem Col des Montets präsentiert sich uns bereits Europas höchster Gipfel, der 4807 Meter hohe Mont Blanc. Entlang des Flüßchens Arve fahren wir parallel zum mächtigen Mont Blanc-Massif. Das Wetter spielt mit und der Bossons-Gletscher strahlt in der Sonne.

Nach dem berühmten Schickeria-Ort Chamonix zweigt eine Straße zum Bossons-Gletscher ab. Sie führt zu einem Parkplatz, von wo aus wir in einen Sessel-

Nur für Schwindelfreie: die D 211A hoch über der Höllenschlucht

Wie geht es weiter? Paßhöhe des Col de la Madelaine

lift umsteigen, der uns bis knapp unter den Gletscher bringt. Ein steiler Fußpfad führt noch näher ans Eis. Schaubilder zeigen die Entwicklung des Gletschers, vor allem seinen Rückzug seit den 80er Jahren aufgrund der globalen Erwärmung. In den 50er Jahren stürzte ein indisches Verkehrsflugzeug im Winter bei schlechter Sicht auf dem Gletscher ab und wurde unter den Schneemassen begraben. Noch heute finden Wanderer ab und zu Wrackteile, die der Gletscher freigibt. Am Gartenrestaurant bei der Seilbahnstation liegen unter anderem Teile der Außenhaut und ein Rad des Fahrwerks. Eine Sammlung von Zeitungsauschnitten dokumentiert die Tragödie.

Über St.-Gervais-les-Bains und Mégève gelangen wir nach Albertville und ins Isèretal, wo nach einigen Kilometern die kleine Straße zum Col de la Madelaine abzweigt. Der Paß ist eine Parallelroute zum östlich gelegenen Col de l'Iseran, dessen Scheitelhöhe allerdings gute 800 Meter höher liegt.

COL DE LA MADELAINE (1993 METER)

Ein äußerst großzügiger Umgang mit Rollsplitt erschwert das Zirkeln um die scharfen Kehren. Auf dem letzten Stück vor der

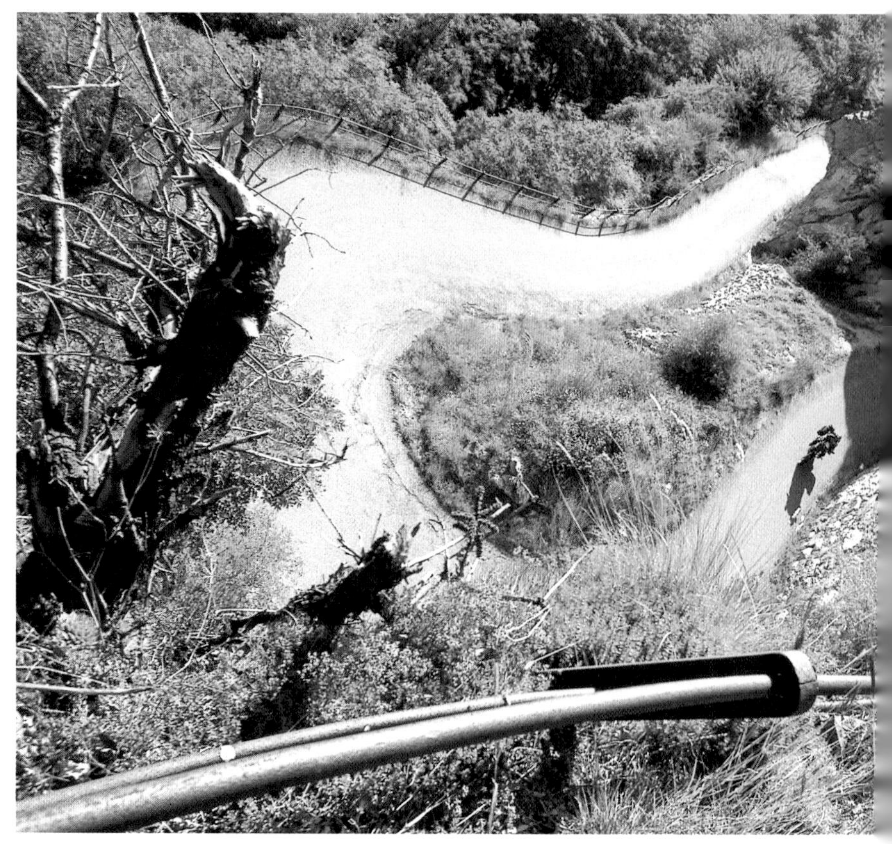

Skurrile Serpentinenstrecke: zwischen Montvernier und Montpascal

Paßhöhe ist dann wieder etwas mehr Platz. Ein wohlbeleibter, völlig erschöpfter Rennradfahrer in engem Trikot hält die wenigen Autos an, die nach oben zuckeln und fragt, ob er sich an deren Fenster einhängen kann. Die Wagenlenker sind wenig begeistert und so schiebt er sein Rad bergauf.

Die Landschaft ist wunderschön. Jenseits der Baumgrenze ragen schroffe Felsen aus der frühherbstlich gelben Mattenlandschaft. Immer, wenn wir anhalten, hören wir die schrillen Warnpfiffe der Murmeltiere.

Für die Paßabfahrt haben wir uns in der Michelinkarte eine Alternativroute herausgesucht. Im

ersten Wintersportort nach der Paßhöhe zweigt das ungeteerte Sträßchen links ab, endet aber kurz darauf an einer Betonbarriere. Gesperrt wegen Erdrutsch. Mit einer Gold Wing unter dem Hintern lasse ich mich auf keinerlei Experimente ein. Wir folgen der »D 213« weiter talwärts, bis kurz vor La Chambre die »D 99« nach links abzweigt. Sie führt ebenfalls an unser Ziel, erst nach Montaimont, dann weiter zum winzigen, allerdings mittlerweile durchgehend asphaltierten Col de Chaussy. Ein Mini-Paß für abenteuerliche Biker. Von Montpascal folgen wir der »D 77« nach Montvernier. Das Tal ist schon gut zu sehen, nun müßten wir eigentlich gleich unten sein. Nicht ganz. Auf den nächsten vier Kilometern bis Pontamafrey folgt eine der skurrilsten Serpentinenstrecken der Alpen: 24 dicht übereinander liegende Kehren in einer nahezu senkrechten Wand, nahezu ohne Randsicherung. Den straßenbaulichen Adrenalinschub muß man einfach erlebt haben.

COL DE CHAUSSY (1532 METER)

Im Tal folgen wir der »N6« ein kurzes Stück nach Norden, um gleich wieder auf eine kleinere Straße zu flüchten: Die »D 927« führt zum Col du Glandon, dessen Paßhöhe wir am Spätnachmittag bei strahlendem Sonnenschein erreichen. Auf der anderen Seite sehen wir den nächsten Anstieg, der zum Col de la Croix de Fer führt. Aber zunächst beobachten wir den Schwarzen, der ein riesiges, ferngesteuertes Segelflugzeug hoch über dem Paß fliegen läßt.

COL DU GLANDON (1924 METER)

COL DE LA CROIX DE FER (2067 METER)

Als die Sonne schon fast am Verschwinden ist, fahren wir

weiter. Obwohl erst Anfang September haben viele der Hotels bereits geschlossen und wir echte Schwiergkeiten ein Bett für die Nacht zu finden. In St. Jean d'Arves entdecken wir endlich ein hübsches, kleines Hotel. Die einzigen anderen Gäste sind ein BMW-Pärchen aus dem Frankenland, die ebenfalls durch Zufall hierhergeraten sind. Da die Pizzeria im Erdgeschoß bereits

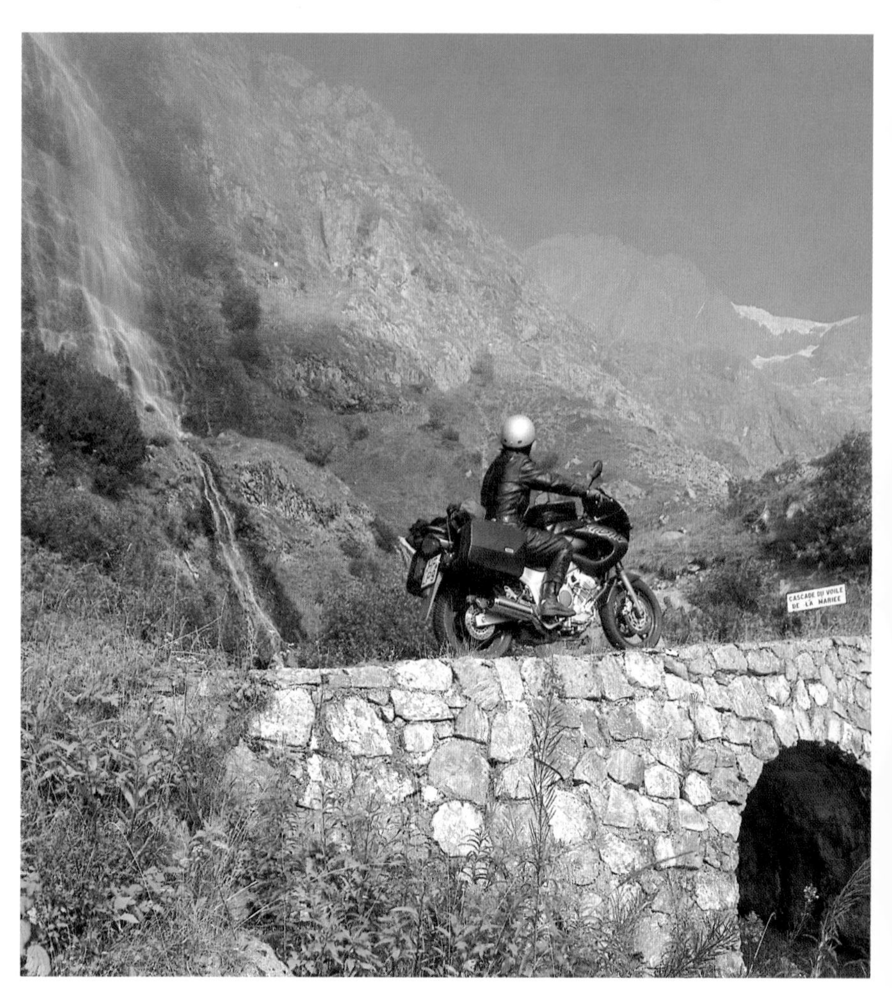

Grandiose Landschaft: Abstecher ins Valgaudemar

dicht gemacht hat, können wir die Motorräder über Nacht im Restaurant parken.

Am nächsten Morgen ist es so kalt, daß wir ganz bestimmt Eis auf der Sitzbank gehabt hätten, wenn die Maschinen im Freien geparkt hätten. Wir verabschieden uns von den Franken, die in Gegenrichtung weiterfahren wollen. Die »D 80« ist eine aussichtsreiche Variante zur Talstraße. Sie führt schließlich über den wenig befahrenen Col du Mollard. Da uns fast die Finger abfallen vor Kälte suchen wir verzweifelt nach einem Café. Vergeblich. Vielleicht im Tal, das ist nicht mehr weit, sagen wir uns. Doch die Alpen sind wieder einmal für eine Überraschung gut: Auf der kurzen, waldigen Strecke zwischen Albiez-le-Jeune und Villagondran warten mitten im Wald 46 aussichtslose Kehren auf uns. Das Stilfser Joch im Grünen, sozusagen.

Trotz Drehwurm steht als nächstes ein echter Klassiker im Roadbook, der 2642 Meter hohe Col du Galibier. Er ist so mächtig, daß er von zwei vorgeschobenen Päßen flankiert wird, im Norden vom Col du Télégraphe, im Süden vom Col du Lautaret. Wieder halten wir oft an, um die grandiose Aussicht zu genießen. Immer weiter geht es nach oben.

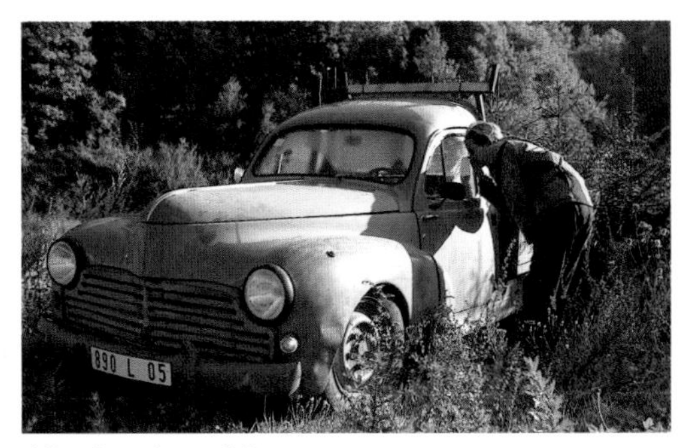

Alt, aber bezahlt: französischer Pick up

Das zerbröselte Schiefergestein gleißt in der Sonne. Wir durchqueren eine Schafherde und erreichen das mittlerweile geschlossene Portal des Scheiteltunnels. Vor einigen Jahren wurde eine neue Trasse angelegt, die den Paß jetzt, wie es sich gehört, auf einer Straße überquert. Eine Gruppe Radrennfahrer hat sich auf dem kleinen Parkplatz, unterhalb des Paßschildes zum Erinnerungsfoto versammelt. Der heftige Wind über dem Kamm bläst sie fast weg, auch wir haben Probleme, die Maschinen in der Waagrechten zu halten.

Bereits neun aussichtsreiche Kilometer später haben wir den Col du Lautaret erreicht, wo wir uns links, Richtung la Grave, halten. Schon die Römer haben nachweislich diesen Paßübergang benutzt, wenn sie die Gallier besuchen wollten.

COL DU MOLLARD (1638 METER)

COL DU LAUTARET (2058 METER)

COL DU TÉLÉGRAPHE (1566 METER)

COL DU GALIBIER (2642 METER)

COL DE SARENNE (1989 METER)

Von la Grave bietet sich ein kleiner, kurvenreicher Abstecher nach Oratoire du Chazelet an. Von diesem Aussichtspunkt präsentiert sich der Tabuchet-Gletscher auf der gegenüberliegenden Seite besonders eindrucksvoll.

Weiter geht es durch das Tal bis zum Chambon-Stausee. Dort wird es wieder richtig idyllisch. Die schmale, landschaftlich wunderschöne Bergstrecke zum fast 2000 Meter hoch gelegenen Col de Sarenne ist wenig befahren, macht deshalb ganz besonders viel Spaß. Ein Schock ist dann die westliche Paßabfahrt nach Alpe d'Huez, einem gigantischen Skiort, der tausenden

Für Schluchtenbummler: die spektakulären Grandes Goulettes

von Wintersportlern Platz bietet. Die unbenutzten Lift ragen wie Skelette aus dem Boden, einer neben dem andern. Das Flugfeld der Retortensiedlung ist das wohl extremste, das wir bisher gesehen haben: eine parkplatzgroße Fläche, die direkt in den steilen Berghang übergeht. Die Flugzeuge röhren über den Abgrund und erreichen so die notwendig Fluggeschwindigkeit.

Passend zum Ort ist die Westabfahrt entsprechend gut ausgebaut. Deshalb biegen wir in la Garde vor der Dorfkirche scharf links ab. Die kleine, asphaltierte »211A« ist wirklich nur etwas für Schwindelfreie. Hoch über der – nomen est omen – Höllenschlucht ist sie, unterbrochen von einigen unbeleuchteten Tunnels, spektakulär in eine 500 Meter hohe fast senkrechte Felswand gesprengt. Mit Herzklopfen erreichen wir in le Freney den Talboden, ohne zu ahnen, daß noch Spektakuläreres auf dem Tageszettel steht. Unsere Fahrt durch die Höllenschlucht endet in le Bourg-d'Oisans, von wo aus wir einen Abstecher ins kleine Bergdorf Villard-Notre-Dame geplant haben. Ein Schild mit der Aufschrift »Route dangereuse« – »Gefährliche Straße« stimmt uns ein. Wieder senkrecht abfallender Fels, Tunnels und praktisch keine Ausweichmöglichkeit. An der gegenüberliegenden Bergflanke können wir die zuvor bewältigte Strecke

Gezackter Horizont: Paßhöhe des Col de la Croix de Fer

erkennen. In immer haarsträubenderen Kehren gelangen wir schließlich ins über 1500 Meter hoch gelegene Dorf, und als wir gerade wieder umkehren wollen, entdecken wir ein Schild, das nach Villard-Reymond weist. In der Karte ist lediglich ein Wanderpfad eingezeichnet. Ist das etwas für eine Gold Wing? Von der Breite her müßte es gerade ge-

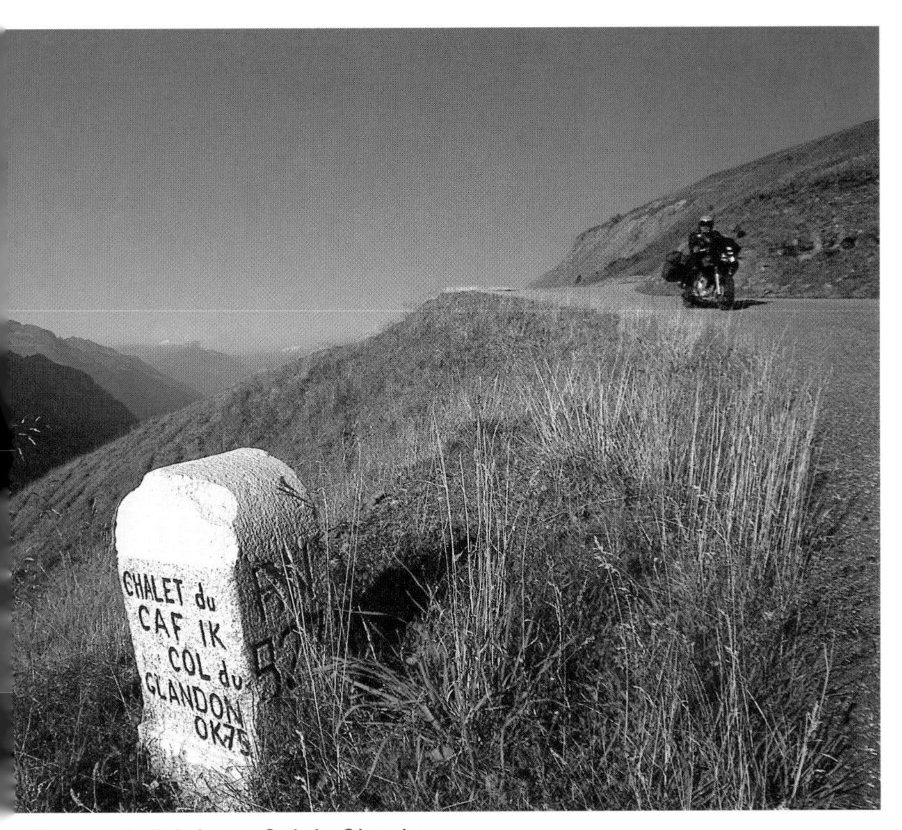

Einsam: Auffahrt zum Col du Glandon

hen. Wir fragen einen alten Mann nach dem weiteren Weg. »Wenn ihr die ersten beiden geschotterten Kehren geschafft habt, geht es immer auf der gleichen Höhe weiter, etwa vier Kilometer lang Piste.«

Ein Schild weist darauf hin, daß die Weiterfahrt auf der Privatstraße zwar erlaubt, aber völlig ohne Haftung, also auf eigenes Risiko erfolgt und sehr unsicher ist: »Passage incertain.«

Im Schritt-Tempo bewege ich den Musikdampfer über den steinigen Untergrund. Ein paar italienische Wanderer, die mir entgegenkommen, starren mich fassungslos an, während mir John Denver »Take me home Country Road« aus den Boxen entgegenträllert.

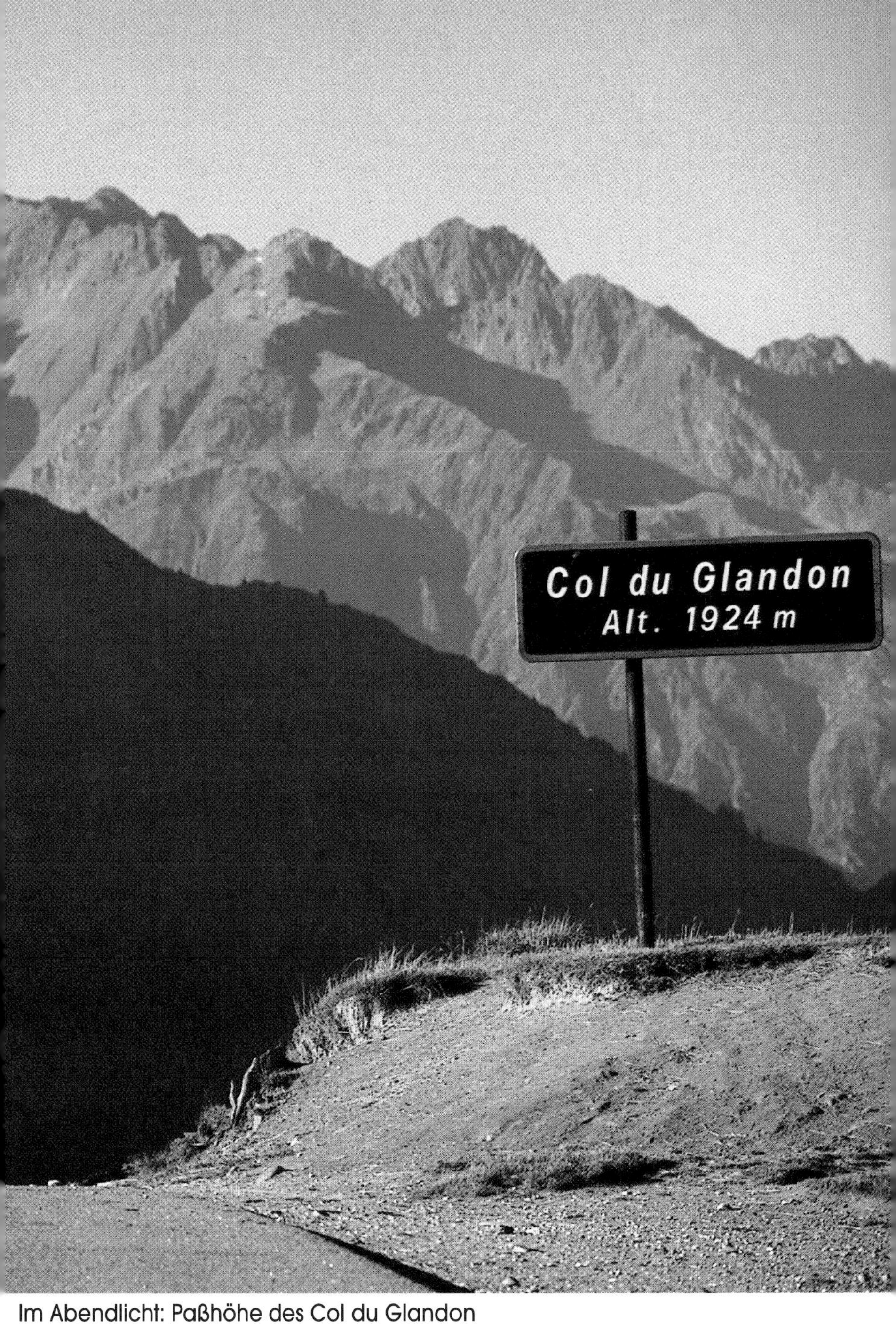

Im Abendlicht: Paßhöhe des Col du Glandon

Hindernisreich: Fahrt über den Col de Sarenne

COL D'ORNON
(1371 METER)

Die Bewältigung der Kehren artet tatsächlich in Arbeit aus. Zum Glück hat die Gold Wing einen Rückwärtsgang, sonst wäre ich bestimmt heute noch dort. Elke hat auf der TDM deutlich bessere Karten. Für Enduristen dürfte dieser Streckenabschnitt ein echter Leckerbissen sein.

Nach der letzten Kehre geht es tatsächlich auf einem Niveau weiter, der Weg ist nur noch fein geschottert, die Aussicht ins Tal grandios.

Ab Villard Reymond ist die Straße dann wieder befestigt und beziffert. Als »D 210« schlängelt sie sich bis Ornon, das direkt unterhalb unseres nächsten Paßes, dem Col d'Ornan, liegt.

Nach der Paßhöhe läuft die Straße fast ohne Kurven ins Tal aus. Von Entraigues läßt sich ein schöner Abstecher in die Gorges du Béranger unternehmen. Das Dorf am Ende der Straße ist sehr hübsch. Es gibt allerdings außer einem Massenlager für Wanderer keine andere Übernachtungsmöglichkeit. Die zweite Stichstraße von la Chapelle-en-Valjouffrey führt in das ebenfalls alte Örtchen le Désert. Dort scheint allerdings die Zeit stehengeblieben zu sein. In der einzigen Herberge starrt uns die Besitzerin an wie Außerirdische und hat überhaupt kein Zimmer frei.

Erst im Wallfahrtsort Corps, nachdem wir den völlig einsamen und ebenso unbekannten Col de l'Holme überquert haben, finden wir ein Bett für die Nacht. Allerdings nicht auf Anhieb. Es ist Samstag und deshalb herrscht großer Andrang.

Am Sonntag verzichten wir auf den kurvengespickten Abstecher zur Wallfahrtskirche Notre Dame de la Salette. Zu viele Busse haben sich bereits die Serpentinen hochgequält.

Wir entscheiden uns für einen anderen lohnenden, aber wesentlich längeren Abstecher, über St. Firmin ins Valgaudemar. Immer höher steigt die Straße in dem spektakulären Tal an. Der Morgennebel hält sich noch zäh in den Wiesen neben dem Séveraisse-Flüßchen. Ab la Chapelle-en-Valgaudémar kommen wir dann so hoch hinaus, daß wir immer wieder die Nebeldecke durchdringen und der Blick auf das von hohen Bergen flankierte

COL DE L'HOLME (1207 METER)

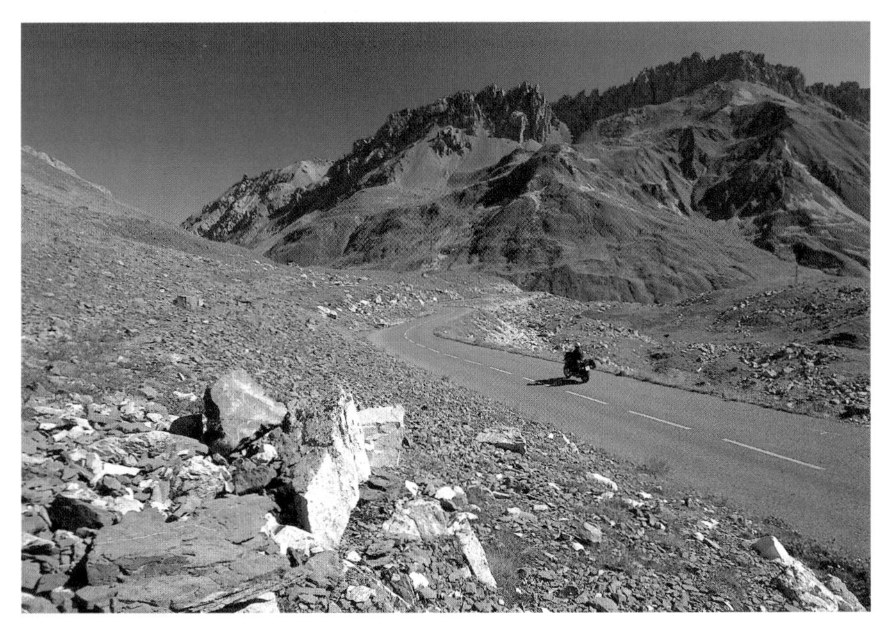

Abwechslungsreich: Auffahrt zum Col du Galibier

COL DU MENÉE (1402 METER)

Hochtal frei wird. Nach einem Wasserfall öffnet sich der Nebel wie ein Theatervorhang und gibt den Blick auf das Chalet du Gioberney frei, ein ruhiger und idyllischer Ort, um die Nacht zu verbringen. Und ein idealer Ausgangspunkt für einige schöne Wanderungen. Die Dreitausender bauen sich wie ein Amphittheater vor der Türe auf.

Zurück in Corps biegen wir auf die Straße zum Sautet-Stausee ab. Zwischen Mens und Clelles beherrschen grüne Hügel, statt schroffer Berge die Landschaft. In Clelles haben die Geschäfte, auch die Bäckereien, vormittags geöffnet. Würziger Tome de Savoie-Käse, frisches Baguette und hausgemachte Morchelpastete verschwinden im Topcase. Auf der Karte ist der Picknickpunkt dann schnell entdeckt. Die Paßhöhe des Col de Menée scheint, obwohl ziemlich abgelegen, ein beliebter Sonntagsausflugspunkt der Einheimischen zu sein. Wir sind also nicht alleine, aber die einzigen, die statt Rotwein Traubensaft zum mittäglichen Picknick trinken.

Die Paßabfahrt erinnert mit ihren gelbbraunen Felsformationen an den Südwesten der USA. Wir sind im Kalksteinmassiv des Vercors, das vor allem für seine spektakulären Schluchten be-

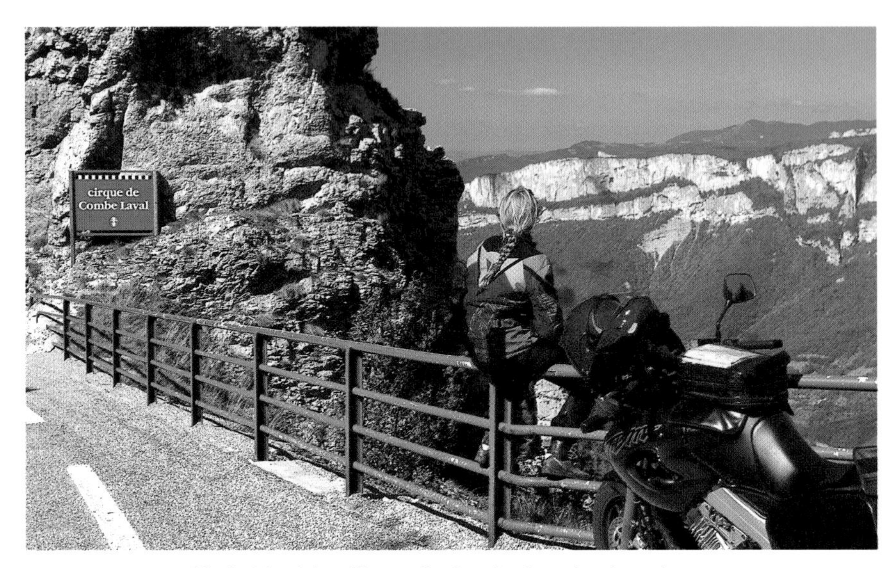

Für Schluchtenflitzer: die Route Combe Laval

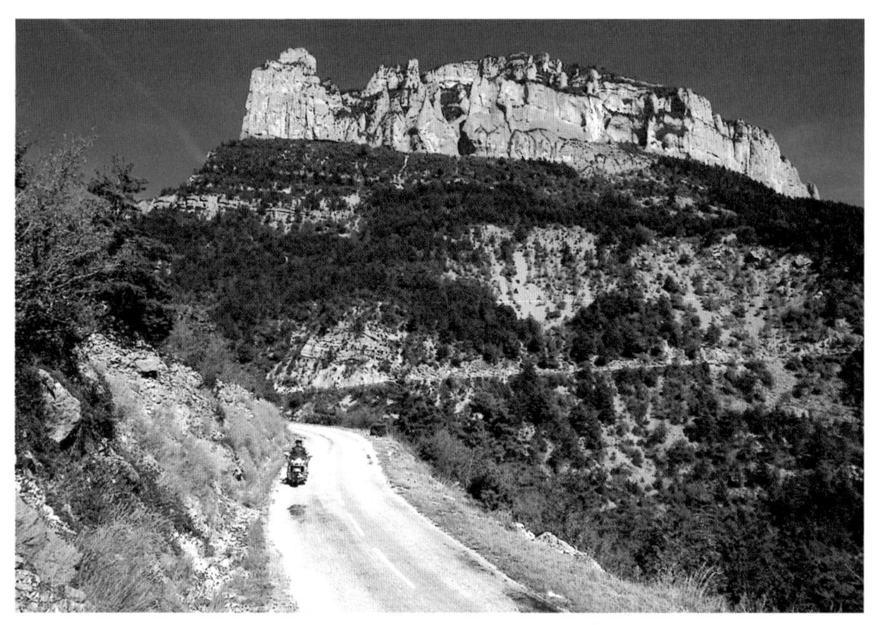

Wie in Amerikas Südwesten: Abfahrt vom Col de Menée

kannt ist. Zunächst einmal geht es jedoch wieder einen fantastischen Paß hoch, den Col de Rousset. Jenseits des Scheiteltunnels beginnen dann die zahlreichen Schluchtstrecken, wahre Meisterwerke der Straßenbaukunst. Die berühmte Route Combe Laval zwischen Col de la Machine und Col Gaudissart wird durch den Abstecher zu den Grands Goulets noch einmal gesteigert. Ein gewaltiger Felssturz hat die im letzten Jahrhundert in den Berg gesprengte Strecke im Sommer 1996 eine Weile blockiert. Zum Glück sei das nachts passiert, erzählen uns Einheimische. Beim Passieren der Stelle blicken wir mit flauem Gefühl im Magen nach oben.

In den Gorges de Bourne betätigen wir uns ein letztes Mal als Schluchtenflitzer, bevor wir über Grenoble das letzte Ziel unserer Tour erreichen, die Chartreuse. Ein Rundgang durch das berühmte Kloster, mit gregorianischen Gesängen im Hintergrund, ist der ideale Ausklang für diese abwechslungsreiche Päße-, Kurven- und Schluchtentour durch die Französischen Alpen.

COL DE ROUSSET (1367 METER)

COL DE LA MACHINE (1011 METER)

COMBE LAVAL

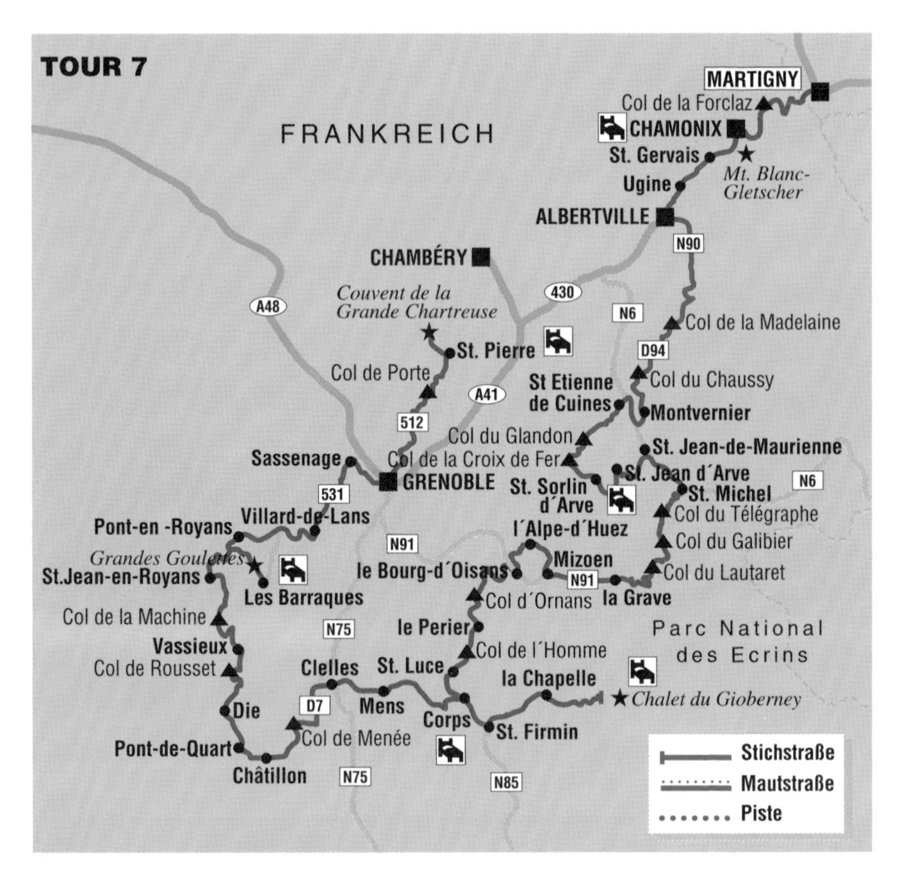

Gefahrene Strecke (einschließlich Abstecher): etwa 930 Kilometer

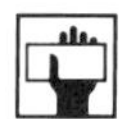

Karte:

Michelin, 1 : 200 000, Blätter »74« und »77«, je 7,80 Mark (in Frankreich je 11 Francs, also umgerechnet etwa 3,50 Mark!)

Route:

MARTIGNY (Schweiz) – Col de la Forclaz (1526 Meter) – »N 506« – Col des Montets (1461 Meter) – Argentière – CHAMONIX – Mont Blanc-Gletscher – St. Gervais – »D 909« – Freney – Megeve – »N 212« – Flumez – Ugine –

ALBERTVILLE – »N 90« – »D 94« – Col de la Madelaine (1993 Meter) – »D 99« – Montaimont – Col de Chaussy (1532 Meter) – Montpascal – Montvernier – »D 77« – skurrile Serpentinenstrecke, mit 24 eng übereinanderliegenden Kehren in einer fast senkrechten Felswand – Pontamafrey – »N 6« – St. Etienne-de-Cuines – »D 927« – Col du Glandon (1924 Meter) – »D 926« – Col de la Croix de Fer (2067 Meter) – St. Sorlin-d'Arves – »D 80« – St. Jean d'Arves – »D 926« – Belleville – »D 80« – Col du Mollard (1638 Meter) – Albiez-le-Vieux – Albiez-le-Jeune – 46 Kehren – Villargondran – »N 6« – St. Michel-de-Maurienne – Col du Télégraphe (1566 Meter) -Valloire – »D 902« – Col du Galibier (2642 Meter) – Col du Lautaret (2058 Meter) – »N 91« – Abstecher: »D 33« – les Terrasses – Oratoire du Chazelet – la Grave – »N 91« – »D 25« – Mizoën – Col de Sarenne (1989 Meter) – l'Alpe-d'Huez – »D 211« – la Garde – »D 211A« – l'Armentier – le Freney – »N 91« – le Bourg-d'Oisans – »D 219« – Villard-Notre-Dame – vier Kilometer Piste – Villard-Reymond – »D 210« – Ornon – »D 526« – Col d'Ornon (1371 Meter) – le Perriér – Entraigues – Abstecher: »D 117« – Gragnolet – »D 117A« – Gorges du Béranger – Valsenestre – la Chapelle-en-Valjouffrey – Valjouffrey – »D 117« – le Désert – zurück nach Entraigues – les Angelas – »D 212 f« – Villelonge – Col de l'Holme (1207 Meter) – Ste. Luce – Corps – Abstecher: »N 85« – St. Firmin – »D 985 a« – Valgaudémar – la Chapelle-en-Valgaudémar – Gioberney – St. Firmin – »D 58« – Aspres-les-Corps – Corps – »D 537« – Barrage du Sautet – »D 66« – Cordéac – Mens – »D 526« – Clelles – »D 7« – Col du Menée (1402 Meter) – »D 120« – les Nonières – Menée – Châtillon-en-Diois – »D 539« – Pont-de-Quart – »D 93« – Die – »D 518« – Chamaloc – Col de Rousset (1367 Meter) – Vassieux-en-Vercors – »D 76« – Col de la Machine (1011 Meter) – Combe Laval – St. Jean-en-Royans – »D 54« – St. Laurent-en-Royans – Ste. Eulalie-en-Royans – Abstecher: »D 518« – Petits Goulets – Grands Goulets – les Barraques-en-Vercors – Ste. Eulalie-en-Royans – »D 54« – Pont-en-Royans – Choranche – Gorges de la Bourne – Villard-de-Lans – »D 531« – Sassenage – GRENOBLE –

»D 512« – le Sappey-en-Chartreuse – Col de Porte (1326 Meter) – St. Pierre-de-Chartreuse – Abstecher: Couvent de la Grande Cartreuse – St. Pierre-de-Chartreuse

Übernachten:

Im Alpenband 1 der Edition Unterwegs (Motorbuch-Verlag, 29,80 Mark) haben wir bei der dort beschriebenen französischen Westalpen-Tour bereits einige motorradfreundliche Gasthöfe genannt. Zusätzlich empfehlenswert sind die folgenden Häuser:

• bis •• Hotel Beau Site
F - 38380 Saint-Pierre de Chartreuse
Telefon: 00 33/76/88 61 34;
Fax: 00 33/76/88 64 69.
Moderne Zimmer, Swimming Pool, Garage für Motorräder kostenlos, gutes Restaurant.

•• Hotel des Neiges
F - 73530 Saint Sorlin-d'Arves
Telefon: 00 33/79/59 71 57;
Fax: 00 33/79/59 77 54.
Schönes Hotel mit netten Zimmer am Fuß des Col de la Croix de Fer. Restaurant. Unterstellmöglichkeit für Motorräder.

•• L'Oule Rouge
F - 73530 Saint Jean-d'Arves
Telefon: 00 33/79/59 70 99
Rustikaler Berggasthof in ruhiger Lage. Alle Zimmer mit Balkon und toller Aussicht. Restaurant.

•• Nouvel Hotel
F - 38970 Corps
Telefon: 00 33/76/30 00 35;
Fax: 00 33/76/30 03 00.
Am Ortsausgang Richtung Mens auf der »D 537« liegendes Hotel mit sehr einfachen Zimmern. Gutes Restaurant. Spezialität: Nußkuchen – Tarte au noix. Vor der Türe parkt meistens der Oldtimer der Besitzerin.

•• Hotel de la Poste
Route Napoleon
F - 38970 Corps
Telefon: 00 33/76/30 00 03;
Fax: 00 33/76/30 02 73.
Nettes Hotel in der Innenstadt, mit ausgezeichnetem Restaurant. Garage.

•• Chalet-Hotel du Gioberney
F - 05800 La Chapelle en Valgaudemar
Telefon: 00 33/92/55 27 50.
Fantastische Lage am Ende der Stichstraße ins Val Gaudemar. Neben den Zimmern gibt es auch ein preisgünstiges Massenlager.

●● Hotel Les Grandes Goulettes
Les Barraques en Vercors
F - 26420 La Chapelle en Vercors
Telefon: 00 33/75/48 22 45:
Fax: 00 33/75/48 10 24.
Direkt am Ende der Schluchtstrecke »Grandes Goulettes« gelegenes Haus. Garage für Motorräder kostenlos. Gutes Restaurant.

●●●●● Hotel Le Labrador et Golf
Route du Golf
F - 74400 Chamonix
Telefon: 00 33/50/55 90 09;
Fax: 00 33/50/53 15 85.
Das komfortable Hotel könnte mit seinen Blockhütten, dessen Dächer grasbewachsen sind, ohne weiteres auch irgendwo in Alaska oder Kanada stehen. Golfplatz. Edles Restaurant. Liegt am Ortsausgang, Richtung Argentière.

Gastronomie

Restaurant Le Four
F - 74170 Saint-Gervais
Telefon: 00 33/04/50 78 14 16.
Sehr gutes Restaurant mit Gartenlaube. Motorradfahrer sehr willkommen. Besitzer fährt selbst Motorrad. Prima Gerichte vom Holzkohlengrill.

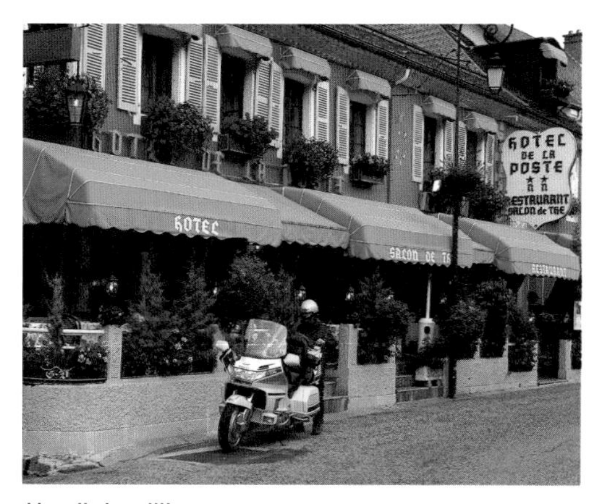

Herzlich willkommen:
Hotel in Corps

Sehenswert:

Glacier du Mont Blanc aux Bossons
Telefon: 00 33/50/53 12 39
Seilbahnfahrt zum Mont Blanc-Gletscher. Täglich geöffnet zwischen 8.30 und 19.15 Uhr.

Adressen:

Französisches Fremdenverkehrsamt
Maison de la France
Westendstraße 47
60325 Frankfurt/M
Telefon: 0 69/ 74 70 91;
Fax: 0 69/ 75 21 87.

8.1 Organisierte Alpenreisen

Wer Lust hat, in die Alpen zu fahren, aber keine Zeit für die Routenplanung findet, der schließt sich am besten einer organisierten Gruppe an. Im folgenden zwei Veranstalter, die sehr viel Bergerfahrung mitbringen:
Edelweiss Bike Travel veranstaltet seit vielen Jahren weltweit organisierte Touren. Der Chef, Werner Wachter, ist in Tirol zu Hause – Alpenfahrten finden sich nicht nur deshalb seit Jahren in seinem Programm. Er bietet Straßenfahrer-Reisen, solche mit gemischtem Publikum und reine Off Road-Touren. Immer fährt ein Begleitfahrzeug mit, um das Gepäck zu transportieren. Neu im Programm sind mittägliche Gourmet-Picknicks an landschaftlich reizvollen Plätzen.

Edelweiss Bike Travel
Werner Wachter
Steinreichweg 1
A - 6414 Mieming/ Tirol
Telefon: 00 43/ 52 64/ 56 90;
Fax: 00 43/ 52 64/ 58 53 3.

Gut organisiert: grüppchenweise durch die Berge

Seit einigen Jahren hat Europas größte Motorradzeitschrift, MOTORRAD, eine eigene Veranstaltungsreihe unter dem Namen ACTION TEAM. Neben vielen Trainings, Treffen und Reisen, auch Touren durch die Alpen, für Straßenfahrer, Enduristen und Veteranenfreunde.

ACTION TEAM
Monika Eberle
Leuschnerstraße 1
70142 Stuttgart
Telefon: 07 11/ 18 21/ 97 7.

Das Geislinger Reisebüro, eher für seine Amerika-Touren bekannnt, veranstaltet auch organisierte Trips auf Honda Gold Wing durch die Schweizer Alpen. Übernachtet wird in einem schönen Basishotel, die Tagestouren führt ein ortskundiger Schweizer Wing-Pilot

Geislinger Reisebüro
Werner Kiefer
Riedstraße 1
72351 Geislingen
Telefon: 07433/ 24 91

8.2 Übernachten in den Alpen

Unter dem Namen »Motor Bike Hotels« haben sich einige motorradbegeisterte Hoteliers in Deutschland, der Schweiz, in Italien, Österreich und Frankreich zusammengeschlossen.
Sie halten ausgearbeitete Tourenvorschläge für ihre Gäste bereit. Manchmal gehen sie sogar selbst mit auf Tour.Die Hotels liegen durchweg in gehobenen Preisregionen.

In Deutschland:

●●●● Romantik Hotel
Adler-Post
Hauptstraße 16
D – 79822 Titisee-Neustadt
Telefon: 0 76 51/50 66;
Fax: 0 76 51/37 29.

●●● Hotel Landhof Meinl
Marbacher Straße 4
D – 89233 Neu-Ulm/Reutti
Telefon: 07 31/7 05 20;
Fax: 07 31/7 05 22 22.

●●● bis ●●●● Hotel
Waldsägmühle
D – 72285 Pfalzgrafenweiler-Kälberbronn
Telefon: 0 74 45/8 51 50;
Fax: 0 74 45/6750.

Angenehme Ruhe: die Initiatoren der Motor Bike Hotels

In Italien:

●●●● bis ●●●●● Hotel Temlhof
Elvaserstraße 76
I - 39042 Brixen
Telefon: 00 39/472/83 66 58;
Fax: 00 39/472/83 55 39.

In Österreich:

●● bis ●●● Hotel Auhof
Silvretta Hochalpenstraße
A - 6555 Kappl 330
Telefon: 00 43/54 45/63 11
Fax: 00 43/54 45/63 11 33.

In der Schweiz:

●●●● Hotel du Parc
CH - 1801 Mont-Pelerin
Telefon: 00 41/21/92 12 322;
Fax: 00 41/21/92 35 218.

●●●● Hotel La Perla
CH - 6982 Lugano-Agno
Telefon: 00 41/91/60 53 921;
Fax: 00 41/91/60 54 039.

●●●● Hotel Eigerblick
CH - 3818 Grindelwald
Telefon: 00 41/36/54 54 14;
Fax: 00 41/36/53 42 69.

In Frankreich:

●●● bis ●●●● Hotel
Lion d'Or
15 Rue Principale
F - 67290 La Petite-Pierre
Telefon: 00 33/88/70 45 06;
Fax: 00 33/88/70 45 56.

In den Alpen hat sich eine Gruppe von bikenden Gastwirten zur Motorradhotelkette »Moho« zusammengeschlossen. Die Hotelpreise liegen deutlich unter denen der Motor Bike Hotels. Zwei Häuser liegen direkt an den im Buch beschriebenen Strecken und sind dort erwähnt: Hotel Solaria bei der Steiermark-Tour und der Gailtaler Hof beim Kärnten-Trip. Die anderen Mitglieder sind:

● Villa Sport-Klause
A - 6762 Stuben/Arlberg
Telefon: 00 43/55 82/55 1;
Fax: 00 43/55 82/55 14.

● Landhaus Jausern
Christa und Günther
Fresacher
A - 5753 Saalbach 497
Telefon: 00 43/ 65 41/73 41.

●● Iselsberger Hof
Josef Obersteiner
A - 9991 Iselsberg/ Post Dölsch
Telefon: 00 43/48 52/64 11 2.

●●● Hotel Cappella
Gerhard Haas
Neder 578
A - 6167 Neustift im Stubaital
Telefon: 00 43/52 26/25 15;
Fax: 00 43/52 26/25 15 5.

Pässe und Höhe-Punkte

Im folgenden sind die im Buch beschriebenen Pässe und Höhepunkte aufgelistet. Dahinter ist jeweils Platz für eigene Anmerkungen oder Stempel, die es bei manchen Paßhöhen in den Hütten gibt.

ALLGÄUER ALPEN

Riedberg Paßstraße	Scheidewang-Alm	Oberjoch-Paß

BAYERN/TIROL

Spitzing-Sattel (1128 Meter)	Ursprung-Paß (849 Meter)	Ackernalm
Geolsalpe (1733 Meter)	Gartalpe (1856 Meter)	Schotterpaß Pinegg-Steinberg
Achenpaß (941 Meter)		

ANHANG

STEIERMARK

Hofalm	Dachsteinstraße	Stoderzinken
Oberst Klinke-Hütte	Sölkpaß (1790 Meter)	Ursprung-Alm

ANHANG

KÄRNTEN

Windischer Höhe (1110 Meter)	Tschiernockstraße (1718 Meter)	Malta-Hochalm-Straße (1920 Meter)
Maltabergstraße (2038 Meter)	Nockalm-Höhenstraße (2042 Meter)	Gerlitzen-Alpenstraße (1764 Meter)
Villacher Alpenstraße (1732 Meter)	Egger Alm (1416 Meter)	Dellacher Alm (1365 Meter)
Poludniger Alm (1724 Meter)	Dolinca Alm (1460 Meter)	

ANHANG

FRIAUL

Naßfeldpaß/Passo di Pramollo (1530 Meter)	Forcella di Lius (1113 Meter)	Monte Paularo (1949 Meter)
Monte Zoncolan (1730 Meter)	Panoramica delle Vette – Alp Chiadinis	Forcella Lavardet (1542 Meter) (1967 Meter)
Sella di Razzo (1760 Meter)	Sella di Cima Ciampigotto (1790 Meter)	Passo della Mauria (1298 Meter)
Passo del Pura (1425 Meter)	Forcella di Monte Rest (1052 Meter)	Passo di San Osvaldo (827 Meter)

ANHANG

SCHWEIZER PÄSSE

Pragel-Paß (1550 Meter)	Klausenpaß (1948 Meter)	Sustenpaß (2224 Meter)
Grimselpaß (2165 Meter)	Furkapaß (2436 Meter)	St. Gotthard-Paß (2108 Meter)
Nufenenpaß (2478 Meter)	Simplonpaß-Höhe (2006 Meter)	Lac de Moiry

ANHANG

FRANZÖSISCHE ALPEN

Col de la Forclaz (1526 Meter)	Col des Montets (1461 Meter)	Col de la Madelaine (1993 Meter)
Col de Chaussy (1532 Meter)	Col du Glandon (1924 Meter)	Col de la Croix de Fer (2067 Meter)
Col du Mollard (1638 Meter)	Col du Télégraphe (1566 Meter)	Col du Galibier (2642 Meter)
Col du Lautaret (2058 Meter)	Col de Sarenne (1989 Meter)	Col d'Ornon (1371 Meter)

FRANZÖSISCHE ALPEN

Col de l'Holme (1207 Meter)	Col du Menée (1402 Meter)	Col de Rousset (1367 Meter)
Col de la Machine (1011 Meter)	Combe Laval	

8.4 Pannenwörterbuch Französisch

Deutsch	Französisch
Anlasser	Démarreur
Antriebswelle	Arbre de transmission
Auspuffrohr	Tuyau d'echappement
Benzinleitung	Conduite d'essence
Benzinpumpe	Pompe à essence
Benzinfilter (im Tank)	Filtre à essence (dans le réservoir)
Blinklicht	Clignotant
Bremse	Frein
Bremslicht	Feu–stop
Dichtung	Joint
Drehzahlmesser	Compte–tours
Einspritzsteuergerät	Commande d'injection
Felge	Jante
Fußraste	Repose–pied
Fußschalthebel	Sélecteur
Gasgriff	Poignée des gaz
Getriebe	Boîte de vitesses
Hauptständer	Béquille principale
Hinterrad	Roue arrière
Kickstarter	Kick-starter
Kolben	Pistons
Kraftstofftank	Réservoir d'essence
Kühler	Radiateur
Kupplung	Embrayage
Kupplungshebel	Levier d'embrayage
Kurbelwelle	Vilebrequin
Lenker	Guidon
Lichtmaschine	Alternateur
Luftfilter	Filtre à air
Mutter	Ecrou
Nockenwelle	Arbre à cames
Ölablaßschraube	Bouchon de vidange
Pleuel	Bielle
Regler	Régulateur
Reifen	Pneumatique
Reifenpanne	Crevaison
Reifenwechsel	Changement de pneumatique
Reparatur	Réparation
Rücklicht	Feu arrière
Rückspiegel	Rétroviseur
Schalldämpfer	Silencieux
Scheinwerfer	Projecteur
Schlauch	Chambre à air
Schlauchlosreifen	Pneu sans chambre à air
Schraube	Vis
Schwimmer	Flotteur
Soziusfußraste	Repose-pied passager
Stoßdämpfer	Amortisseur
Teleskopgabel	Fourche télescopique
Vergaser	Carburateur
Werkzeugkasten	Boîte à outils
Zündkerze	Bougie
Zündspule	Bobine d'allumage
Zylinder	Cylindre
Zylinderkopf	Culasse

ANHANG

Wie komme ich zu dem Händler...	Comment puis-je me rendre chez le concessionnaire...
Ich habe eine Panne mit meinem Motorrad	Ma moto est en panne
Ich habe eine Reifenpanne mit meinem Motorrad	Ma moto a une crevaison
Mein Motorrad springt nicht an	Ma moto ne démarre pas
Mein Motorrad springt schlecht an	Ma moto démarre mal
Die Vorderrad-/Hinterradbremse funktioniert nicht	Le frein avant/arrière ne fonctionne pas
Geräusche/Klappern im 1. Getriebe, 2. Motor, 3. Vorderradgabel, 4. Hinterrad-Antrieb	Bruits/claquements dans 1. la boîte de vitesses, 2. le moteur, 3. la fourche de la roue avant, 4. l'entraînement de la roue arrière
Der Zünd-/Kofferschlüssel ist abgebrochen	La clé de contact/des valises est cassée.
Er steckt im Zünd-/Lenkungsschloß	Elle est coincée dans le contacteur-démarreur/ la serrure de la direction
Ich habe die Motorrad-/Kofferschlüssel verloren.	J'ai perdu la clé de ma moto/de mes valises
Die Nummer meines Kofferschlüssels ist...	Le numéro de la clé de mes valises est...
Wie teuer ist die Reparatur	Combien coûte la réparation
Das Motorrad ist nicht mehr fahrtüchtig	La moto ne marche plus
Können Sie mein Motorrad abschleppen	Pouvez-vous rémorquer ma moto
Motor/Getriebe/Telegabel/Tank ist undicht	Le moteur/la boîte de vitesses/la fourche télescopique/le réservoir a une fuite

8.4 Pannenwörterbuch Italienisch

Anlasser	Motorino d'avviamento
Antriebswelle	Albero di trasmissione
Auspuffrohr	Tubo di scarico
Benzinleitung	Tubo della benzina
Benzinpumpe	Pompa della benzina
Benzinfilter (im Tank)	Filtro della benzina (nel serbatoio)
Blinklicht	Lampeggiatore
Bremse	Freno
Bremslicht	Luce stop
Dichtung	Guarnizione
Drehzahlmesser	Contagiri
Einspritzsteuergerät	Centralina dell'iniezione
Felge	Cerchio ruota
Fußraste	Poggiapiedi
Fußschalthebel	Pedale del cambio
Gasgriff	Manopola dell'acceleratore
Getriebe	Cambio
Hauptständer	Cavalletto principale
Hinterrad	Ruota posteriore
Kickstarter	Pedivella d'avviamento
Kolben	Pistone
Kraftstofftank	Serbatoio del carburante
Kühler	Radiatore
Kupplung	Frizione
Kupplungshebel	Leva della frizione
Kurbelwelle	Albero motore
Lenker	Manubrio
Lichtmaschine	Alternatore
Luftfilter	Filtro dell'aria
Mutter	Dado
Nockenwelle	Albero a camme
Ölablaßschraube	Tappo di scarico olio
Ölfilter	Filtro dell' olio
Ölwechsel	Cambio dell' olio
Pleuel	Biella
Regler	Regolatore
Reifen	Pneumatico
Reifenpanne	Foratura
Reifenwechsel	Cambio dell' pneumatico
Reparatur	Riparazione
Rücklicht	Luce posteriore
Rückspiegel	Specchietto retrovisore
Schalldämpfer	Marmitta
Scheinwerfer	Faro
Schlauch	Tubo flessibile
Schlauchlosreifen	Pneumatico tubeless
Schraube	vite (klein), Bullone (groß)
Schwimmer	Galleggiante
Soziusfusraste	Poggiapiedi del passeggero
Stoßdämpfer	Ammortizzatore
Teleskopgabel	Forcella telescopia
Vergaser	Carburatore
Werkzeugkasten	Cassetta degli attrezzi
Zündkerze	Candela
Zündspule	Bobina d'accensione
Zündsteuergerät	Centralina dell'accensione
Zylinder	Cilindro
Zylinderkopf	Testata

ANHANG

Wie komme ich zu dem Händler...	Come arrivo dal Concessionario...
Ich habe eine Panne mit dem Motorrad	Ho un guasto alla mia moto
Ich habe eine Reifenpanne mit meinem Motorrad	Ho forato un pneumatico della mia moto
Mein Motorrad springt nicht an	La mia moto non si avvia
Mein Motorrad springt schlecht an	La mia moto si avvia con difficoltà
Die Vorderrad-/Hinteradbremse funktioniert nicht	Il freno anteriore/posteriore non funziona
Geräusche/Klappern im 1. Getriebe, 2. Motor 3. Vorderradgabel, 4. Hinterrad-Antrieb	Rumorosità/battiti nel 1. cambio, 2. motore, 3. forcella anteriore, 4. trasmissione finale
Der Zünd-/Kofferschlüssel ist abgebrochen	La chiave d'accensione/delle valigie è rotta
Er steckt im Zünd-/Lenkungsschloß	E' infilata nella serratura d'accensione/ bloccasterzo
Ich habe die Motorrad-/Kofferschlüssel verloren	Ho perso la chiave della moto/delle valigie
Die Nummer meines Kofferschlüssels ist...	Il numero della mia chiave per le valigie è...
Wie teuer ist die Reparatur	Quanto costa la riparazione
Das Motorrad ist nicht mehr fahrtüchtig	La moto non va più
Können Sie mein Motorrad abschleppen	Può rimorchiare la mia moto
Motor/Getriebe/Telegabel/Tank ist undicht	Perdita (di tenuta) nel motore/cambio/ forcella telescopia/serbatoio